Erich Purk (Hrsg.)
bewegt werden

Erich Purk (Hrsg.)

bewegt werden

Der spirituelle Fastenbegleiter

Verlag Katholisches Bibelwerk

Sollte es trotz gewissenhafter Bemühungen in einzelnen Fällen nicht gelungen sein, die Rechtsinhaber verwendeter Texte zu finden, bitten wir diese, sich gegebenenfalls mit dem Verlag Katholisches Bibelwerk in Verbindung zu setzen.

www.bibelwerk.de

ISBN 3-460-27119-1

Umschlag: Finken & Bumiller, Stuttgart
Satz und Repro: Rund ums Buch – Rudi Kern, Kirchheim/Teck
Druck: Ludwig Auer GmbH, Donauwörth

Inhalt

Vorwort

„Niemand ist der Herr seines Weges, und kein Mensch hat die Macht, den Gang seiner Schritte zu bestimmen." (Jer 10,23) Können Sie diesem Bibelwort zustimmen, oder fühlen Sie sich als „autonome Person" Ihrer Lebensgeschichte? Jede und jeder, der seinen Lebensweg bedenkt, erkennt sehr bald, wie groß der Spielraum ist, um eigene Entscheidungen zu treffen. Er erkennt aber auch die Mächte, die seinen Schicksalsweg prägen. Er entdeckt die Hand, die ihn gütig geleitet hat.

„Du wirst des Weges geführt, den du wählst." Dieses Wort, dass widersprüchlich ist, kann der rote Faden sein, der uns durch den neuen spirituellen Fastenbegleiter führt. Der Titel des Buches „be**WEG**t werden" deutet an, dass Leben sich entfaltet, wenn wir aufbrechen und gehen. Dann wächst der Weg unter unseren Füßen wie ein Wunder.

Der Weg wandelt uns. Wandern und wandeln haben sprachlich die gleiche Wurzel „wenden". Wer geht, wandelt sich mit jedem Schritt. Er ist in Bewegung. Die ersten Christen nannte man „die Anhänger des neuen Weges" (Apg 9,2). In der Ausweglosigkeit ihrer Zeit glauben die Christen einen Weg gefunden zu haben. Um Nachfolge geht es dem, der gesagt hat: „Ich bin der Weg" (Jo 14,6). Dann bleiben Christen beweglich. Sie werden bewegt von den Worten und Taten Jesu. „Du zeigst mir den Weg zum Leben" (Apg 2,28).

Die Fastenzeit ist jedes Jahr die Einladung an uns, die eigene Situation zu bedenken, den Ballast abzuwerfen, der uns hemmt, und neue Schritte zu wagen. Das Gehen ist wichtig. Der Aschermittwoch fordert alle zum Aufbruch – zum Exodus – auf. „Geh!" heißt das Wort, das Gott zu Abraham sprach. „Geh!" das ist die Lebensmelodie des Glaubenden. Gott rief Israel weg von den Fleischtöpfen Ägyptens, aus Sattheit und Sesshaftigkeit führte er sie in die Wüste, in die Entbehrung und in den Durst, damit sie Ausschau halten nach neuen Quellen.

Abschied nehmen und loslassen sind zentrale Begriffe der Spiritualität. In der ersten Fastenwoche werden die Leserinnen und Leser motiviert, das Loslassen einzuüben. In der zweiten deutet Christophorus Goedereis mit dem ältesten Ursymbol der

Menschheit, dem Labyrinth, die verschlungenen und dunklen Wege. Das Labyrinth entschlüsselt den Irrgarten unseres Lebens. „Schicksalswege“ ist die dritte Woche überschrieben. Kurzbiographien von Frauen zeigen, wie Kraft und Freiheit wächst, wo man nicht flieht, sondern standhält. Thomas Meurer zeigt in der vierten Woche die Gefahren im Unterwegssein auf. In biblischen Weggeschichten erfahren wir von der Nähe Gottes, der uns auf der Spur hält, damit wir uns nicht verlaufen. Der heilige Bonaventura hat im 13. Jahrhundert den Weg des Menschen zu Gott in sieben Schritten beschrieben. In der fünften Fastenwoche versucht Thomas Dienberg uns auf die „Pilgerreise des Menschen zu Gott“ mitzunehmen. Auf den Kreuzwegen unseres Lebens sind die Wegbegleiter wichtig. In der Karwoche besinnen wir uns darauf, das Gott selbst der „mitgehende Wegegott“ ist. Er sendet uns seine Engel zur Seite. „Muss ich auch wandern in finsterer Schlucht, ich fürchte kein Unheil; denn du bist bei mir“ (Ps 23,4)

Wenn wir nach 40 Tagen zu Ostern die schönste Wegbeschichte der Bibel lesen, können hoffentlich einige mit den beiden Emmausjüngern sagen: „Brannte nicht unser Herz?“

Pater Erich Purk

Der Weg zum Leben

Aschermittwoch bis 1. Fastensonntag

1. Tag

Das Leben als letzte Gelegenheit

Wort der Schrift „Herr, tu mir kund die Zahl meiner Tage! Lass mich erkennen, wie sehr ich vergänglich bin!" (Ps 39,5)

Wort in den Tag Aschermittwoch: Demaskierung – Die Masken sind abgelegt – Ende des Karnevals. Beginn der Fastenzeit. Der Kontrast ist schärfer nicht denkbar.
Aschermittwoch: Die Asche als Zeichen der Vergänglichkeit spricht eine deutliche Sprache: „Memento homo" – „Bedenke, Mensch, dass du Staub bist und wieder zum Staub zurückkehren wirst. Bekehre dich und glaube an das Evangelium!" In der Liturgie am Aschermittwoch streut der Priester den Gläubigen Asche auf das Haupt.
Aschermittwoch: Mensch der Ratlosigkeit, der sich immer wieder in Sackgassen verläuft, sucht nach neuen Wegen, die zum Leben führen. Rätselhafter Mensch, gesättigt mit Lust und Sinnenfreude, ist er wieder offen für Fasten und Verzicht, um dem Überdruss zu entgehen.
Gesegnet wird heute die Asche. Nur wer den Weg der Reinigung und Verwandlung ohne Verlustangst mitgeht, wird das Leben gewinnen. Rings um uns wandelt sich alles. Wir werden glücklich sein, wenn wir uns dem Gesetz der Wandlungen überlassen. Niemand bleibt, wie er ist. Wer festhalten will, was jetzt ist, erstarrt zum Tod. Der Aschermittwoch erinnert uns nicht nur an die Vergänglichkeit aller Dinge, sondern an die Verwandlung, die neues Leben zeugt.
Der pragmatische Glückssucher von heute versucht alles, um sein persönliches Glück über die Runden zu retten. Unsere Tage sind gezählt. „Das Leben ist die letzte Gelegenheit", so umschreibt Marianne Grönemeyer[1] das Lebensgefühl unserer Generation. 85 Prozent der Zeitgenossen verfolgen das Ziel, alles zu versuchen, um das Beste aus dem Leben herauszuholen.
Die Kraft der Sehnsucht ist in ihnen noch nicht zerstört. Da sie aber religiös Analphabeten sind, müssen sie alles von diesseits erwarten. Der Verlust der Religion hat dazu geführt, dass sie nur

noch mit der irdischen Lebenszeit rechnen. Früher war die Lebenserwartung 45 Jahre plus Ewigkeit. Heute nur noch 72 Jahre. Das nötigt die Menschen, das Kunststück zu vollbringen, die maßlose Sehnsucht in kurzer Frist zur Erfüllung zu bringen, den Himmel auf Erden zu erzwingen. Sie versuchen deshalb, in der Liebe, in Arbeit und Beruf, im Amüsement, optimales Glück möglichst leidfrei zu erlangen, und das in jedem Augenblick (Zulehner)[2].

Das führt aber dazu, immer rascher und hastiger zu leben. Eine solche Lebenseinstellung wird anstrengend, anfordernd und überfordernd. Und aus der tiefsitzenden Angst um uns selbst fangen wir an, den anderen als Lebenskonkurrenten zu sehen. Daraus ergibt sich eine Kultur der Abwertung des anderen, die dauernd verurteilt, richtet und hinrichtet statt zu ermutigen und aufzubauen (Henri Nouwen)[3].

Wer glaubt, kann gelassener leben. Er ist nicht wie die Eintagsfliege, deren Stunden gezählt sind. Er schaut über den Tellerrand hinaus. Wer glaubt, durchbricht den Horizont. Der Horizont ist nur die Grenze des Sichtbaren. Sein Weg hat ein unendliches Ziel. Jenseits des Horizontes ist das Land der Verheißung. Der Glaube hat also für unsere Lebenseinstellung eine eminente Bedeutung.

Impuls An Aschermittwoch möchte ich über die Vergänglichkeit aller Dinge nachdenken. Ich möchte dieser Frage nicht ausweichen und sie verdrängen. Ist das Leben „die letzte Gelegenheit"? Komme ich in Panik bei dem Wort: „Mensch, bedenke, dass du Staub bist und wieder zum Staub zurückkehren wirst"? Ist mein Lebensweg eine Sackgasse? Gerate ich deshalb unter Druck und muss mein Glück gegen alle Konkurrenten verteidigen? Gibt es andere Perspektiven? Was bedeutet das Wort aus der Liturgie: „Das Leben wird uns nicht genommen, sondern nur gewandelt"?

2. Tag

Mein Leben – eine Entdeckungsreise

Wort der Schrift „Du führst mich den Weg zum Leben.
In deiner Nähe finde ich ungetrübte Freude;
aus deiner Hand kommt mir ewiges Glück." (Ps 16,11)

Wort in den Tag „Man kann dem Leben nicht mehr Tage geben, aber den Tagen mehr Leben." Dieses Wort hat es in sich. Unsere Tage sind gezählt – wir können sie nicht vermehren. Aber wir können den Tagen, die uns geschenkt sind, mehr Leben geben. Wir besitzen das Leben nicht wie einen Gegenstand. Leben ist ein kostbares Gut. Nur weil uns Mutter und Vater immer wieder bei unserem Namen gerufen haben, sind wir mit der Zeit bei uns selber angekommen. Wir sind ins Leben „gerufen", sagt die Bibel. Noch vor den Eltern hat der Schöpfer des Himmels und der Erde uns ins Dasein gerufen.
Am Anfang von allem und an unser aller Ursprung steht nicht irgendetwas, sondern Gott in seiner schöpferischen Liebe. Er hat jede und jeden von uns beim Namen gerufen. Das ist der Grund unserer besonderen Würde. Wir sind weder Zufallsprodukte noch Blindgänger. Wir sind keine Nummer in der Lotterie des Lebens. Jeder ist ein Original, keiner eine Kopie. Schon jedes Blatt am Baum ist ein einmaliges Exemplar. Die Schöpfung kennt kein Klonen.
Mit jedem, mit jeder hat Gott Besonderes vor. Das zu wissen, kann unseren Tagen mehr Leben geben, ob wir jung sind oder hochbetagt, erfolgreich oder ein Pechvogel, unbefangen oder durch eine tiefe Verletzung gezeichnet sind. „Liebe deine Geschichte", sagt Leo Tolstoi. „Sie ist der Weg, den Gott mit dir geht."
Das Geheimnis der eigenen Lebensgeschichte zu entdecken und zur Entfaltung zu bringen, ist unser Auftrag – das Abenteuer unseres Lebens. Es geht weit über das hinaus, was wir planen und ins Werk setzen können. Karriere und Erfolg können wir vielleicht selber arrangieren. Die wichtigsten Dinge unseres Lebens sind nicht programmierbar: Liebe und Freundschaft, Glück

und Segen ... Schon erstaunlich, wie oft man heute beim Sport oder beim Fußball ein Kreuzzeichen schlägt. Bei aller Leistung, die man bringt, will man den Segen des Himmel herabholen.
Wer aufmerksam die Zeichen der Zeit beobachtet, wird feststellen: Bücher und Filme haben Konjunktur, die das Leben als Entdeckungsreise beschreiben. Ob in fiktive Welten, ob in den Innenraum der eigenen Seele, ob in ferne Kulturen und Religionen – es gilt, den Horizont zu weiten und der eigenen Lebenswahrheit auf die Spur zu kommen.
Mehrere Jahre habe ich als Cityseelsorger in Frankfurt gelebt. Zwischen den Bankentürmen liegt unser Kloster. Öfters habe ich von Menschen gehört, die sich alles leisten konnten, die nicht auf Sparflamme gelebt haben: „Es muss doch noch etwas mehr geben! Das kann doch noch nicht alles gewesen sein." Ihre Sehnsucht nach Leben und tieferem Glück durchbricht alle Horizonte. Sie sind wie Zugvögel, die aufbrechen, denen es nicht reicht, im Hühnerhof Körner zu picken. „Es muss doch noch etwas mehr geben!"
Unsere Sehnsucht darf nicht bürgerlich werden. Wir sind keine Eintagsfliegen, die über den Tellerrand nicht hinausschauen. Wir sind für die Unendlichkeit erschaffen. Der Horizont ist nur die Grenze des Sichtbaren. Hinter dem Horizont eröffnen sich unendliche Räume des Lebens. „Binde deinen Karren an die Sterne" (Leonardo da Vinci), dann bleibst du nicht hocken hinter dem Ofen der Gemütlichkeit oder Resignation.

Impuls Ich möchte leben, wirklich leben. Immer wieder höre ich in mir den Lockruf nach Leben. Oft habe ich über das Wort nachgedacht: „Du wirst des Weges geführt, den du wählst." Ich muss wählen, mich entscheiden, aber nicht nur in eigener Regie. Ich werde auch geführt. Wer oder was bestimmte bisher meinen Lebensweg? Welche äußeren Umstände haben meinen Weg geprägt? Gibt es auch eine innere Stimme, die mir in bestimmten Situationen hilfreich war? Frage ich auch manchmal: Was will Gott eigentlich von mir?

3. Tag
Exodus

Wort der Schrift „Denn du bist ein Volk, das dem Herrn, deinem Gott, heilig ist. Dich hat der Herr, dein Gott, ausgewählt, damit du unter allen Völkern, die auf der Erde leben, das Volk wirst, das ihm persönlich gehört. Nicht weil ihr zahlreicher als die anderen Völker wäret, hat euch der Herr ins Herz geschlossen und ausgewählt; ihr seid das kleinste unter allen Völkern. Weil der Herr euch liebt und weil er auf den Schwur achtet, den er euren Vätern geleistet hat, deshalb hat der Herr euch mit starker Hand herausgeführt und euch aus dem Sklavenhaus freigekauft, aus der Hand des Pharao, des Königs von Ägypten. Daran sollst du erkennen: Jahwe, dein Gott, ist der Gott; er ist der treue Gott; noch nach tausend Generationen achtet er auf den Bund und erweist denen seine Huld, die ihn lieben und auf seine Gebote achten.“ (Dtn 7,6-9)

Wort in den Tag Die Bibel ist ein Buch voller Weggeschichten. Abraham, Jakob, Josef oder Mose sind nur einige der Beispiele. „Geh!“ ist das Wort, das Gott zu Abraham sprach. „Der Herr sprach zu Abram: Zieh weg aus deinem Land, von deiner Verwandtschaft und aus deinem Vaterhaus in das Land, das ich dir zeigen werde.“ (Gen 2,1)
Er verließ seine Heimat. Er wurde zum Nomaden. Der Weg, die Wüstenwanderung wurde sein Schicksal. Es gab keinen Ort, wo er Gott verehren konnte. Aber er ging mit der Verheißung, dass sein Gott ihn begleitet und in ein neues Land führt.
Jede Epoche der Glaubensgeschichte beginnt mit einer Aufbruchssituation, mit einem Exodus: Abraham verlässt seine Heimat, Israel wird aus Ägypten geführt, die Propheten werden aus ihrem bisherigen Lebenskreis herausgerufen; schließlich ist das Exil ein Aufbruch in die Fremde, und die Rückkehr nach Jerusalem ist die Erfüllung der alten Verheißungen.
Aufbrechen ist Voraussetzung, Gott zu begegnen, denn Gott begegnet uns nur im Aufbruch. Jahwe ist der mitgehende Gott, der Weg-Gott der Nomaden, der sein Volk immer wieder auf

den Weg ruft. Wenn das Volk Israel am Nilstrom bei den „Fleischtöpfen der Ägypter“ sesshaft geworden wäre, dann wäre es ein Sklavenvolk geblieben.
Nur im ständigen Aufbrechen kann sich Israel in Jahwe festmachen. Nur wer die vertrauten Orte verlässt, sucht sicheren Halt in Gott und in seinen Verheißungen. Das hebräische Wort für „glauben“ heißt: „nehemin“. Wenn man das wörtlich übersetzt, bedeutet es: „sich festmachen in Gott“. Am Beispiel des Patriarchen Abraham wird diese Grundhaltung vor Gott deutlich. Das Unterwegssein wird bei ihm zum Ausdruck des Wandels vor Gott und mit Gott.
Jedes Sesshaftwerden ist oft der Beginn einer Glaubenskrise. Der Sesshafte richtet sich ein hinter dem „Ofen seiner Bequemlichkeit“. Die Probleme löst er in eigener Regie. Wer aber als Pilger unbehaust ist, dem ist der Segen Gottes wichtig in den Gefährdungen seines Weges.

Impuls Meine Aufmerksamkeit richte ich heute auf zwei Sätze: „Aufbrechen ist Voraussetzung, Gott zu begegnen, denn Gott begegnet uns nur im Aufbruch.“ und „Jedes Sesshaftwerden ist oft der Beginn einer Glaubenskrise.“ Die Fastenzeit soll mich herausholen aus meinem gemütlich eingerichteten Schneckenhaus. Mein Glaube darf nicht bürgerlich werden. Wenn ich aufbreche und mich neu auf die Suche mache, wird er mir begegnen. Wenn wir die alten Trampelpfade verlassen, werden wir ein neues Land entdecken.

4. Tag
Der mitgehende Gott

Wort der Schrift „Der Herr zog vor ihnen her, bei Tag in einer Wolkensäule, um ihnen den Weg zu zeigen, bei Nacht in einer Feuersäule, um ihnen zu leuchten. So konnten sie Tag und Nacht unterwegs sein." (Ex 13,21)

Wort in den Tag „Du bist bei mir!" Immanuel Kant, der große Philosoph, sagte: „Alle Bücher, die ich gelesen habe, haben mir nicht das gegeben, was ein Wort aus der Bibel mir gab."
In Psalm 23 ist Gott der gute Hirt, der mich führt und begleitet, der den Tisch für mich deckt und in der Gefahr mich beschützt. „Er stillt mein Verlangen; er leitet mich auf rechten Pfaden, treu seinem Namen. Muss ich auch wandern in finsterer Schlucht, ich fürchte kein Unheil; denn du bist bei mir." (Ps 23,3-4)
Dieser Glaube an den mitgehenden Gott, der mich nie im Stich lässt, ist für mich das Geschenk meines Glaubens. Der Psalm 139 drückt es so aus: „Du umschließt mich von allen Seiten und legst deine Hand auf mich. Zu wunderbar ist für mich dieses Wissen, zu hoch, ich kann es nicht begreifen." (Ps 139,5-6)
„Wo ist Gott?" – „Ich sehe ihn nicht!" Die klassische jüdische Antwort darauf lautet: Du brauchst ihn gar nicht zu sehen. Sehen kannst du ihn sowieso nicht, aber er zieht mit dir auf deinem Lebensweg. Gott ist ein mitgehender Gott. Er ist vor dir, hinter dir, über dir, in dir.
Sein Wesen steckt als Programm in seinem Namen „Jahwe": Ich bin der ewig Daseiende. „Ich bin da, wo du bist", übersetzt Martin Buber. „Da wo du bist, da bin auch ich, auch wenn du mich nicht sehen kannst." Gott lässt sich nicht festnageln – auch nicht in einem Tempel, auch nicht in einer Theologie – nirgends. Aber Gott ist als mitgehender Gott mit seinem Volk auf dem Weg: Der Herr zog vor ihnen her um ihnen den Weg zu zeigen (Ex 13,21).
Dem Volk Israel als umherziehendem Nomadenvolk war die äußere Heimatlosigkeit wohl vertraut. So erfahren wir, dass das Volk immer fest darauf vertraute, dass ihr Gott ein Nomadengott ist, der sämtliche Wege des Volkes mitgeht.

Heilsgeschichte ist die Beziehungsgeschichte Gottes mit uns Menschen. Am Anfang zeigt er sich im brennenden Dornbusch. Aus dem Feuer, das brannte und nicht verbrannte, offenbart er seinen Namen für alle Generationen: „Ich bin der Ich-bin-da" (Ex 3,14). Jahwe ist ein Gott, der Anteil nimmt, der sich einlässt auf unsere Geschichte. Ist das nicht eine wichtige Zusage auch für unsere Zeit: ein Gott, der an unserer Not Anteil nimmt bis in die Dornen unserer Bedrängnisse? Ein Gott als Wegbegleiter durch alle Höhen und Tiefen des Lebens?
Man kann den Gottesnamen „Jahwe" ins Lateinische übersetzen mit: „inter-esse", das heißt „dazwischen sein". Manchmal helfen uns solche begrifflichen Annäherungen, eine Wirklichkeit besser zu erfassen. Wir glauben einem Gott, der ein bedingungsloses Interesse an uns Menschen hat. Er ist nicht ein „Gott an sich" fern über Wolken, der sich selbst genügt. Er ist ein Gott für uns. Er ist der Gott des Bundes, der ein leidenschaftliches Interesse an jedem Einzelnen von uns hat. Schon Augustinus schrieb: „Gottes Leidenschaft ist der Mensch."

Impuls Der mitgehende Gott schaut nach uns. Dieses Vertrauen wird erfahrbar im Segen. Wir gehen im Segen Gottes unsere Wege. Auch die Wochen der Fastenzeit möchte ich in den Segen Gottes stellen.

Du, Gott des Weges, sei mein Freund und Wegbegleiter.
Gehe mit mir!
Kein Weg ist dir fremd, du mitgehender Gott.
Segne meinen Aufbruch und begleite meine ersten Schritte.
Gehe mit mir in ein neues Land,
und schenke mir die Freiheit, den Ballast abzuwerfen
und die gewohnten Trampelpfade zu verlassen.
Schenke mir ein aufmerksames Herz
für die Wunder an meinem Wegrand
und für die Begegnungen unterwegs,
dass ich die Sprache der Menschen neu verstehen lerne
und auch das, was deren Seele tröstet und ihre Träume nährt.
Wo dein Name anders ausgesprochen wird,
da weite mein Herz und lass mich neue Bilder von dir entdecken.

Der Himmel wölbe sich über meinen Wege wie ein weites Zelt.
Und ein Stern weise mir den Weg bis ans Ziel meiner Sehnsucht.
Gott, behüte mich und sende deinen Engel an meine Seite!

Pilger, Menschen des Weges

1. Fastenwoche

5. Tag

Nimm Abschied und gesunde!

Wort der Schrift „Als es an den Abschied ging, brachen alle in lautes Weinen aus, umarmten und küßten ihn. Am meisten bedrückten sie seine Worte: ‚Ihr werdet mich nicht wiedersehen.‘ Dann begleiteten sie ihn zum Schiff.“ (Apg 20,37-38)

Wort in den Tag Jede Reise beginnt mit dem Abschied. Ohne Abschied bewegt sich nichts. Und Abschied tut weh. In der Apostelgeschichte wird der Abschied des Apostels Paulus von seiner Gemeinde geschildert: Trauer und Tränen – Umarmen und Küssen. Sie begleiten Paulus zum Schiff. Wie lange sie dem Freund an der Küste noch nachgewinkt haben?
Unsere Lebenszeit ist die Probe darauf, den Abschied einzuüben. Viele Abschiede, viele kleine Tode müssen wir erleben und erleiden, bis wir reif sind, den letzten Abschied mit Würde zu bestehen. „Loslassen“ ist der wichtigste Begriff der Spiritualität. Wer klammert und festhält, blockiert jede Entwicklung. Jeder Baum muss im Herbst seine Blätter fallen lassen. Sonst haben die Knospen, die im Frühling aufbrechen, keinen Platz. Die Jahreszeiten deuten es an, dass auch unsere Lebenskurve den Abschied für jeden vorgesehen hat. Die Hospiz-Bewegung lehrt uns, „abschiedlich“ zu leben. Von Abschied zu Abschied, bis der letzte uns gelingt.
Der Abschied ist aber auch eine Tür zu neuem Leben. „Geh!“ heißt das Wort, das Gott zu Abraham sprach „Geh!“ das ist die Lebensmelodie des Glaubenden. Auszug aus dem Gewohnten, Abschied vom festen Standort, sich immer wieder auf den Weg machen. Wir leben „abschiedlich“. Jeder Abend ist ein Abschied. Jede Reise beginnt mit dem Schmerz des Abschiedes. Jede Trennung und jede Scheidung ist wie ein Tod. Die vielen Abschiede sorgen dafür, dass unser Leben nicht zu häuslich, zu bürgerlich wird. Nur wer loslassen kann, ist ein Mensch des neuen Morgens.

Das Wunder des Weges

Weg wird Weg im Gehen.
Weg wird Weg im Lassen.
Der Weg wird erst dann, wenn du gehst.
Nesthocker verkümmern
und verpassen den Anschluss.
Geh, wage den ersten Schritt!
Hab Mut trotz Dunkelheit und Zweifel!
Geh Schritt für Schritt!
Wage das Abenteuer deines Lebens!
Riskiere den Einsatz von Glauben
und Vertrauen!

„Der Weg wächst im Gehen
unter deinen Füßen
wie durch ein Wunder."

Reinhold Schneider[3]

Ob der Abschied eine Therapie ist, um zu gesunden? Hermann Hesse spricht davon in seinem Gedicht „Stufen". Seine Verse fordern zum Abschied heraus: „Wohlan denn, Herz, nimm Abschied und gesunde!"

Impuls Denken Sie heute über die Abschiede nach, die Sie im Leben erlebt haben. Vielleicht schmerzt mancher Abschied noch heute. Schulfreunde zogen in eine andere Stadt. Freundschaften zerbrachen. Ehescheidungen wurden durchlitten. Der Tod entriss uns den Allerliebsten. Ein Berufswechsel wurde zur schmerzhaften Versetzung. Eine Krankheit zerstörte Ihre Pläne. Vielleicht schreiben Sie die Namen und Ereignisse auf einen Zettel. Trauerarbeit gehört zu jedem Lebensweg. Wenn wir sie leisten, werden die Wunden des Abschieds allmählich heilen.
Nehmen Sie das Wort von Hermann Hesse mit in den Tag: „Wohlan denn, Herz, nimm Abschied und gesunde!"

6. Tag

Der erste Schritt

Wort der Schrift „In Lystra sahen Paulus und Barnabas einen Mann sitzen, der seit seiner Geburt gelähmt war. Seine Füße waren kraftlos; er hatte in seinem ganzen Leben noch keinen Schritt getan. Er hörte zu, wie Paulus die Gute Nachricht verkündete. Paulus blickte ihn an, und als er merkte, dass der Gelähmte das feste Vertrauen hatte, geheilt zu werden, sagte er laut: ‚Steh auf, stell dich aufrecht auf deine Beine!' Da sprang der Mann auf und ging umher." (Apg 14,8-10)

Wort in den Tag „Er hatte in seinem Leben noch keinen Schritt getan." Was mag in dem Mann, den Paulus heilte, vorgegangen sein, als er sich aufrecht auf die Beine stellte und seinen ersten Schritt tat? Ob wir als Kinder etwas Ähnliches empfunden haben, als wir unsere ersten Schritte ins Leben machten?
Hilde Domin sagt: „Ich setzte den Fuß in die Luft, und sie trug." Dieses Sprachbild widerspricht unserer alltäglichen Erfahrung, die uns lehrt, dass unsere Schritte nur auf sicherem Grund zum Ziel führen. Dennoch ist dieser Satz des Gedichtes „wahr". Denn es gibt eine innere Gewissheit, die mehr bedeutet als die Gesetze der Statik. Jeder Schritt ist ein Abenteuer des Vertrauens.
„Auch der längste Weg dieser Erde beginnt mit dem ersten Schritt." Dieses chinesische Sprichwort macht auf eine oft vergessene Selbstverständlichkeit aufmerksam. Um den ersten Schritt zu tun, muss man seinen Standpunkt verlassen, seinen inneren Schwerpunkt verlagern, den einen Fuß von der Erde lösen und sich trauen, einen neuen Ort zu suchen, um wieder Boden unter den Fuß zu bekommen. Jeder Schritt ist ein Abenteuer.
Der Künstler Vincent van Gogh hat in seinem Todesjahr 1890 ein Bild gemalt mit dem Titel „First Steps". Der Vater legt in seinem Garten die Schaufel beiseite. Die Mutter stellt das Kind auf den Boden. Der Vater breitet die Arme aus und ruft: „Komm!" Das Kind schaut nach vorne – über eine unendlich weite Strecke hinweg –, wirft sein Vertrauen hinüber zum Vater und kommt nach. Der erste Schritt ist ein wichtiges Ereignis in unserem Le-

ben gewesen. Nur im Vertrauen auf die Hände von Vater und Mutter, die uns auffingen, konnten wir dies Abenteuer wagen. Der Lockruf: „Komm doch!" begleitete den ersten Schritt.

„Komm!" sagt Jesus zu Petrus. Und der steigt aus dem Boot, setzt seinen Fuß auf das Wasser, wirft sein Vertrauen hinüber zu dem, der ihn ruft, und das Wasser trägt. Solange er auf den Lockruf: „Komm!" vertraut, trägt das Wasser. Auf einmal denkt er an den Sturm und die Wellen und bekommt Angst. Sofort beginnt er zu sinken. „Herr, rette mich!" schreit er. Jesus streckt seine Hand aus und hält ihn fest. „Du Kleingläubiger, warum hast du gezweifelt?" fragt ihn Jesus. (Mt 14,29-31)

Wo Petrus sich einlässt auf dieses „Komm!", wo er glaubt und vertraut, kann er über Wasser gehen. Wo er in Angst auf die Wellen starrt und meint, sich selbst über Wasser halten zu müssen, versinkt er in den Fluten. Aber es ist tröstlich, dass auch dann noch die Hand da ist, die den Kleingläubigen rettet.

Ist nicht unser ganzes Leben wie ein Schreiten „über Wasser"? Getragen von jenem geheimnisvollen „Komm!", das wir Vertrauen nennen. Ist dieses Wort nicht eine gute Einladung, den ersten Schritt zu wagen, den Weg der Wandlung neu zu betreten?

Impuls „Man müsste eigentlich ...!" Wie oft haben wir unseren Tag so begonnen? Man müsste eigentlich einmal aus diesem Betrieb heraus. Man müsste einmal ein anderer werden. „Manchmal", so erklärte mir ein Bekannter, „bin ich wie ein Muli, stumpf trotte ich meinen Weg dahin." Habe ich mich in das „Muli-Dasein" eingerichtet, kostet es enorme Kraft, um dem Trott zu entkommen. Ein neuer Aufbruch wäre nötig – ein neuer Anfang! In der Fastenzeit sollten wir es wieder einmal versuchen. Wenn der erste Schritt getan ist, geht es leichter. Und das kennen Sie doch auch: „Eigentlich müsste ich ..." – Also: „Komm!"

7. Tag

Sehnsucht – der innere Kompass

Wort der Schrift „Meine Seele sehnt sich nach dir in der Nacht, auch mein Geist ist voll Sehnsucht nach dir." (Jes 26,9)

Wort in den Tag „Wir wollen zu Land ausfahren, über die Fluren weit, aufwärts zu den klaren Gipfeln der Einsamkeit. Lauschen, woher der Sturmwind braust, schauen, was hinter den Bergen haust, |: Und wie die Welt so weit :|" Das ist das Lied der Wandervögel. Die letzten Verse dieses Liedes heißen: „Und wer die blaue Blume finden will, |: Der muss ein Wandervogel sein. :|" Die „blaue Blume" wurde zum Symbol einer ganzen Generation. Darin drückte sich die Sehnsucht aus, die geheimnisvolle Unruhe, die uns immer neu aufbrechen lässt.

Die Sehnsucht ist der Antrieb, der viele zu „Zugvögeln" macht. Sie halten es zu Hause nicht aus. Sie brauchen die Fremde. Warum reisen die Leute heute so gern? Der Tourismus lebt davon.

Der heilige Augustinus gibt schon im vierten Jahrhundert die Begründung: „Das unruhige Herz ist die Wurzel der Wanderschaft. Im Menschen lebt eine Sehnsucht, die ihn hinaustreibt aus dem Einerlei des Alltags und aus der Enge seiner gewohnten Umgebung. Immer lockt ihn das andere, das Fremde. Doch alles Neue, das er unterwegs sieht und erlebt, kann ihn niemals ganz erfüllen. Seine Sehnsucht ist größer. Im Grunde seines Herzens sucht er ruhelos die ewige Heimat. Alle Wege, zu denen der Mensch aufbricht, zeigen ihm an, dass sein ganzes Leben ein Pilgerweg zu Gott ist."

Das Gleiche bezeugt Guy de Larigaudie[4], ein bekannter Pfadfinder, der sein Leben lang in einer unstillbaren Glückssuche fünf Kontinente durchstreift hat. Er schrieb kurz vor seinem Tod: „Wie in einem Garten von Mauern umgeben, bin ich in der weiten Welt spazieren gegangen. Neugier und Abenteuerlust trieben mich von einem Erdteil zum anderen. Und ich habe mir dort meine Kindheitsträume einen nach dem anderen erfüllt. Der Park unseres alten Hauses in Paris, in dem ich meine ersten Schritte gelernt hatte, habe ich bis an die Grenzen der Erde erweitert und das Spiel meines Lebens auf der Weltkarte genossen. Trotzdem haben sich die Mauern des Gartens um mich wieder zusammengezogen, und ich befinde mich noch immer im Käfig. Doch der Tag wird kommen, an dem alle Hindernisse weichen werden, und ich besitze das Unendliche!"

Die vielen Vereine in Deutschland, die sich Wandervögel nennen, haben den Kranich in ihrem Wappen. Das Fernweh ist mit diesem Zugvogel ausgedrückt. Als ich einmal eine Gruppe Kraniche am Himmel beobachtete, wusste ich, was Augustinus meinte: „Unruhig ist unser Herz." Sie waren auf dem Rückflug aus dem Süden in ihre Heimat. Dicht an dicht flogen die Vögel nebeneinander her, in einer heiligen Ordnung. Immer wieder übernahm ein anderer Vogel die Führung. Woher wissen sie ihr Ziel? Sie sind wochenlang unterwegs und verirren sich doch nicht. In ihrer innersten Seele wissen sie, wo sie zu Hause sind. Es ist, als ob ein Kompass in ihrem Blut steckt, der ihnen mit traumhafter Sicherheit den Weg zeigt.
Aber nur in der Gemeinschaft kommen sie ans Ziel, ein Einzelner verliert sich und stürzt vor Erschöpfung ab. Ein geheimnisvolles Netz verbindet sie. Sie wechseln sich in der Führung ab. Und jeder darf auch im Windschatten der anderen fliegen.
Die Kraniche sagen mir, dass Gott ganz tief in uns lebt. Die Unruhe der Seele lässt uns aufbrechen, die Sehnsucht treibt uns weiter, und im Herzen zieht es uns zu ihm, so wie es die Kraniche in die Heimat zieht. Die Sehnsucht ist die charmante Art Gottes, sich bei uns in Erinnerung zu halten.

Impuls „Es muss noch etwas mehr geben!" Dies Wort hörte ich oft von Menschen, die sich alles leisten konnten, die nicht auf Sparflamme gelebt hatten. Aber es bleibt ein Rest der Unzufriedenheit. Wilhelm Busch formuliert es mit Humor so: „Ein jeder Wunsch, wenn er erfüllt wird, kriegt augenblicklich Junge." Die Gesichter der Menschen spiegeln diese Sehnsucht. Alle Welt trägt einen Wunsch in sich. Viele Wünsche. Eine Unendlichkeit

von Wünschen. Noch ein Gläschen, noch einen Kuss, noch eine Reise, noch einen Kick. Alle Gesichter sind verwundet von diesem Hunger. Wir sind in der Tat wie Zugvögel, die, an einem fremden Ort geboren, in sich die geheimnisvolle Unruhe empfinden und den Ruf des Blutes, immer neu aufzubrechen.
Wohin führt uns diese Unruhe? Zu mehr Genuss und Glücksstreben? Was meinte Augustinus, wenn er sagte: „Suche, was du suchst, aber nicht dort, wo du es suchst!"?

8. Tag
Wer geht, wird ärmer

Wort der Schrift „Und er sandte sie aus mit dem Auftrag, das Reich Gottes zu verkünden und zu heilen. Er sagte zu ihnen: Nehmt nichts mit auf den Weg, keinen Wanderstab und keine Vorratstasche, kein Brot, kein Geld und kein zweites Hemd ... Die Zwölf machten sich auf den Weg und wanderten von Dorf zu Dorf. Sie verkündeten das Evangelium und heilten überall die Kranken." (Lk 9,2-6)

Wort in den Tag Das Reisegepäck soll leicht sein. Ein Rucksack ist kein Möbelwagen. Die Fastenzeit lädt uns ein, Ballast abzuwerfen, leichter zu werden, damit wir auf dem Weg nicht zu schnell ermüden. Es ist aber nicht nur das Gewicht, das wir abfasten sollten, oder die vielen Dinge, die wir nicht loslassen können, die den Aufbruch verhindern.

Es gibt viele innere Blockaden, die uns lähmen. Wenn ich mich auf den Weg mache, muss ich mich sehr bald an einer Wegkreuzung entscheiden, welchen Weg ich weitergehen will. Schon büße ich andere Möglichkeiten ein. Jede Entscheidung ist auch ein Verlust. Aber nur wenn ich mich entscheide, komme ich voran. Dabei werde ich ärmer. Die Verlustängste blockieren uns oft unbewusst.

Ein junger Mann hatte jahrelang studiert und ein großes Wissen über die Welt und das Leben angehäuft. Eines Tages brach er auf und machte sich auf den Weg. Er wollte das Leben nicht nur aus Büchern kennen lernen. Bald kam er an eine Wegkreuzung und musste zwischen drei Wegen wählen. Er ging geradeaus und musste links und rechts einen Weg zurücklassen. So ging es ihm bei der nächsten Wegkreuzung, so ging es ihm ein Leben lang. Bei jeder Entscheidung, die er traf, wurde er ärmer. Er setzte sich auf einen Meilenstein und sprach: „Ich habe immer nur verloren an Wissen, an Möglichkeiten, an Erfahrung. Mit jedem Weg, den ich wählte, wurde meine Welt enger und kleiner." Müde ging er seinen Weg zu Ende. Als er sich umschaute, entdeckte er, dass er auf einem Berg stand. Im Kleiner-und-ärmer-

Werden war er ein Leben lang aufwärts gegangen. Wenn der junge Mensch ins Leben tritt, steht ihm die ganze Welt offen. Doch sehr bald schrumpfen seine Möglichkeiten. Er muss sich für eine Schule entscheiden, er muss einen Beruf wählen. Es wäre ein schlechter Rat, sich nie zu entscheiden, um sich alle Türen offen zu halten. Viele können sich heute aus Verlustängsten nicht engagieren. Denn in jeder Entscheidung liegt notwendig ein Verzicht.

„Wer geht, wird ärmer." Kann ich die Bedeutung dieses kurzen Satzes mit meiner eigenen Lebenserfahrung bestätigen? Man sagt, die Menschen können heute nur sehr schwer langfristige Bindungen eingehen. Erst nach langer Probezeit geht man heute eine Ehe ein. Unser Lebensweg gleicht oft einer „Echternacher Springprozession": Zwei Schritte vor und einen wieder zurück. Wir werden ärmer. Wer sich darauf nicht einlässt, wird im Alter nur noch im Protest leben. Spätestens im Tod wird auch der Reiche zum Bettler. „Ich habe immer nur verloren an Boden, an Möglichkeiten, an Träumen. Ich bin kleiner geworden." Aber nur so „gewinnt man das Leben". Nur so erreicht man den Gipfel. „Ich bin ein Leben lang aufwärts gegangen."

Impuls Ob für heute diese „Wegweisung" taugt?

Postscriptum

Was ich noch sagen wollte
Wenn ich dir
einen Tipp geben darf
Ich meine
Ich bitte Dich
um alles in der Welt
und wider besseres Wissen:

Halte Dich nicht schadlos
Zieh den kürzeren
Lass Dir etwas
entgehn.

Eva Zeller[5]

9. Tag

Der Pilger

Wort der Schrift „Er stellte meine Füße auf den Fels, machte fest meine Schritte. Er legte mir ein neues Lied in den Mund, einen Lobgesang auf ihn, unsern Gott." (Ps 40,3-4)

Wort in den Tag Der Mensch ist kein „Nesthocker". Er ist „homo viator", ein Mensch des Weges. Jeder ist unterwegs. Viele Wege sind wir gegangen, Straßen schnurgerade und zielstrebig.

Aber Umwege blieben uns nicht erspart. Auch unser Weg kannte Schlaglöcher und Pannen. All das gehört zu unserem Lebensweg. Dennoch: Hab deinen Weg lieb! Und mogle nicht!

Wohin geht die Reise? Ich suche meinen eigenen Weg, nicht einen staubigen, tausendmal ausgetretenen Pfad. Ich bin ein Sucher eines Weges, der mehr ist als ich. Mit vollen Kühlschränken und Fernsehkonsum bin ich nicht zufrieden.

Ich bin nicht mein autonomer Herr, der alles in eigener Regie vollbringt. Ich werde geführt. Zugleich muss ich meinen eigenen Weg suchen und die Richtung bestimmen. Jede Manipulation und Bevormundung will ich meiden. Der eigene Weg fordert genauso heraus wie der eigene Glaube. Es ist leicht, einem Wegweiser zu folgen, auch wenn der den Weg nie gegangen ist. Man kann sich dadurch manche Mühe, manche Unsicherheit und manchen Zweifel ersparen. Doch nur unser eigener Weg führt uns an das Geheimnis heran, das wir selber sind und das Gott in uns ist.

Ich bin nicht Robinson. Die Mühen aller Wege ertrage ich, weil ich Menschen begegnen möchte und verlässlichen Weggefährten. Wege bringen zusammen und begründen Freundschaften. Alle Wege, die Freunde gehen, sammeln die Jahre zu einer großen Garbe, die die Ernte unseres Lebens zum Fest macht.

Das alltägliche Leben ist oft eine mühsame Wegstrecke. Jeder Tag ist nur Durchgang. Aber wenn ich gehe, wie weit ich auch gehen muss durch Regen und Sonnenschein, durch Licht und Dunkel, einer hat mir nachgesehen und mich in seinem Blick

gehalten. Am Ende bin ich wieder Aug in Aug bei ihm. Das ist Heimkehr. Er schaut mich dann an mit Augen der Barmherzigkeit.
Mein Glaube ist ein Weg. Er steht nicht auf dem Papier. Er ist nicht Sache der Lehrstühle und Schulbücher. Der Pilger ist ein einfacher Mensch. Er geht. Er steht in der „Nachfolge" dessen, der gesagt hat: „Ich bin der Weg." Der Glaubende geht und weiß: Gott geht mit. Oder noch deutlicher: Der Glaubende trägt Gott in sich. Das sagt sich sehr einfach. Wer aber Gott in sich trägt, hat Verantwortung für sich und die ganze Welt. Die Gewissheit wird ihm geschenkt: „Alles in mir ist auf dem Weg zu dir."
Also machen wir uns auf den Weg! Beten wir mit den Füßen! Denn Pilger sind wir.

Impuls
„Wir sind nur Gast auf Erden
und wandern ohne Ruh,
mit mancherlei Beschwerden
der ewigen Heimat zu." (Gotteslob Nr. 656)

Betrachten Sie heute dies bekannte Kirchenlied!
Wir singen es manchmal am Grab.
Man könnte es auch als Überschrift über unseren Lebensweg setzen.

10. Tag
Der rote Faden

Wort der Schrift „Denn Gott hat die Welt so sehr geliebt, dass er seinen einzigen Sohn hingab, damit jeder, der an ihn glaubt, nicht zugrunde geht, sondern das ewige Leben hat. Denn Gott hat seinen Sohn nicht in die Welt gesandt, damit er die Welt richtet, sondern damit die Welt durch ihn gerettet wird." (Joh 3,16-17)

Wort in den Tag Ein Gewebe wird zusammengehalten durch Verflechtungen und Knotenpunkte. Ein Tuch enthält oft einen bunten Faden, der uns hilft, eine Struktur zu erkennen. Wenn durch einen Text ein roter Faden läuft, verstehen wir ihn leichter. Eine Predigt, ein Gespräch wird verständlicher, wenn wir einen roten Faden erkennen.

Hat unsere Lebensgeschichte einen roten Faden? Einen Faden, der unsere unterschiedlichsten Lebens- und Glaubenserfahrungen zusammenhält? Eine Orientierungslinie, an der wir entlanggehen können? Gibt es so eine Spur auf unserem Lebensweg, die trotz vieler Umwege und Verknotungen auf ein Ziel hinläuft? Heilsgeschichte ist der Weg, den Gott mit uns geht. Auch meine Lebensgeschichte ist Heilsgeschichte, denn Gott begleitet mich auf all meinen Wegen. Bei allen Brüchen und bösen Erfahrungen ist für mich die Heilsgeschichte eine Liebesgeschichte. Denn Gott ist treu. Er schließt seinen Bund mit seinem Volk. Es genügt Gott nicht, fern über Wolken zu thronen. Er hat ein leidenschaftliches Interesse an uns allen.

Ein Wort, das für mich den roten Faden der Heilsgeschichte deutet, schreibt der Evangelist Johannes: „Denn Gott hat die Welt so sehr geliebt, dass er seinen einzigen Sohn hingab, damit jeder, der an ihn glaubt, nicht zugrunde geht, sondern das ewige Leben hat." (Joh 3,16)

Ein Gedicht in seiner konzentrierten Sprache beschreibt für mich den roten Faden der Geschichte Gottes mit uns Menschen. Diese Verse meiner verstorbenen Lehrerin der Exegese, Helga Rusche, zitiere ich besonders gern:

„Ich suchte meinen Weg zu dir
Da gingst du deinen Weg zu mir
Und gabst ihn mir als Weg zu dir“

Diesen roten Faden unseres Lebens und Glaubens weben wir nicht selbst. Es ist Gottes roter Faden für uns – wir gehen ihn entlang, suchen ihn immer wieder neu, verweben uns damit, knoten uns daran fest, damit wir Halt und Orientierung haben. Wenn wir unser eigenes Leben als Heilsgeschichte deuten, als Geschichte Gottes mit einer jeden und jedem von uns, dann entdecken wir den Knotenpunkt, der alles zusammenhält. Wir erleben den Ort der Vergewisserung, indem wir uns neu Gottes Segen zusprechen lassen. Wir erfahren in der Gemeinschaft den Ort der Gottesnähe, zu dem wir auch wieder zurückkehren können, wenn Zweifel an uns nagen, Trauer unser Leben verdunkeln will. Wir erinnern uns an die Zusage: Du bist nicht allein, Gott ist ein mitgehender Gott. Er ist „ein Freund des Lebens.“ (Weish 11,26)

Impuls Was wir auf unserm Glaubensweg brauchen, das sind Momente des Innehaltens – nicht des Bleibens – aber Orte der Erinnerung, der Vergewisserung, dass Gott mit uns ist. Einen Zwischenstopp einlegen und dann gestärkt, getröstet und ermutigt wieder neu aufbrechen können.

Gottes Wort ist wie ein Stück Brot als Wegzehrung, wie ein Tropfen Salböl, um mit unserem Weg einverstanden zu werden. „Vergiss nicht, was er dir Gutes getan hat“ – so mahnt Psalm 103 –, und solche Orte des „Nicht-Vergessens“, solche Knotenpunkte unserer Nachfolge brauchen wir. Einmal den rasanten Lauf unterbrechen. Still werden und ablegen, was auf uns lastet, zur Sprache bringen, wo uns unser Leben zwischen den Fingern zu zerfließen droht, Rückschau halten und nach vorne sehen. Und wieder neu den Zuspruch Gottes hören: „Fürchte dich nicht! Ich bin mit dir!“

Vielleicht zeichnen Sie einen roten Strich auf ein Blatt Papier. Entdecken Sie den roten Faden in Ihrer Lebensgeschichte. Vielleicht haben Sie sogar ein rotes Band zur Hand. Für jeden Höhepunkt und auch für jeden Tiefpunkt machen Sie Knoten in das Band. Legen Sie es nicht aus der Hand, ohne neu um Gottes Segen zu bitten.

Das Labyrinth – Ein Weg der Wandlung

2. Fastenwoche

11. Tag
Wege im Labyrinth

Wort der Schrift „Ich bin der Weg und die Wahrheit und das Leben." (Zur weiteren Lektüre: Joh 14,1-6)

Wort in den Tag Zu den ältesten Symbolen der Menschheit gehört das Labyrinth. Ein Labyrinth sieht aus wie ein Irrgarten, ist aber etwas ganz anderes: In einem Labyrinth gibt es keine Sackgassen oder Wegkreuzungen, wohl aber eine Vielzahl von Wendungen (Umgängen), die man durchlaufen muss. Nur eines ist notwendig: Man muss aufbrechen und weitergehen. Eines darf man nicht tun: Stehen bleiben. Der Weg im Labyrinth führt wiederholt sehr nah an die Mitte heran, und im nächsten Augenblick befindet man sich wieder sehr nah am Ausgangspunkt. Bis man in die Mitte gelangt, hat man daher oft den Eindruck, es ginge nicht voran, der Weg sei vergebens. Aber das ist er nicht, denn es gibt nur einen Weg, der (gleichsam wie von selbst) in die Mitte führt.
Der Ursprung des Labyrinths liegt im Dunkeln. Die ältesten Labyrinth-Funde stammen aus dem 2. Jahrtausend v. Chr. Das Symbol des Labyrinths begegnet uns in vielen Kulturen und Religionen. Das berühmteste christliche Labyrinth stammt aus dem Jahr 1240 und findet sich bis heute in der Kathedrale zu Chartres in Frankreich. Es gibt Boden-Labyrinthe, gemauerte Labyrinthe oder Garten-Labyrinthe, und es gibt solche, die sich als Verzierung an Wänden von Höhlen, Tempeln oder Kirchen befinden. Labyrinthe kann man geistig oder körperlich durchlaufen.
Der Weg im Labyrinth steht für den Lebens- oder Glaubensweg eines Menschen, für einzelne Lebensabschnitte, für den Weg in die eigene innere Mitte, für den Weg zu Gott und somit auch für mystische und spirituelle Erfahrungen.
Der Weg im Labyrinth ist die Einladung, den eigenen Lebensweg geistlich zu betrachten. Das Labyrinth kann uns helfen, die verschiedenen Erfahrungen des Lebens zu deuten und deren Botschaft zu entschlüsseln.

Vom Labyrinth können wir etwas sehr Unspektakuläres lernen: Es gibt keinen geistlichen Weg, wenn dieser nicht konkret etwas mit mir und meinen Lebenswegen zu tun hat. Oft sind es die Krisen, die Wendepunkte und das Scheitern, die uns neue Schritte gehen lassen. Das Labyrinth lädt uns ein, unser Leben (egal, wie es verlaufen mag) als Heilsgeschichte Gottes zu lesen. Mein ganz konkreter Lebensweg hat mehr mit Gott zu tun, als ich das bisweilen glaube.

Im Irrgarten wandert der Abenteurer,
im Labyrinth der Pilger.
Einer erfährt die Welt,
der andere die Seele.
Einer sucht das Glück,
der andere das Heil.
Der Abenteurer geht in Unruhe,
der Pilger in wachsender Ruhe.
Der Weg im Irrgarten macht atemlos,
der Weg im Labyrinth führt zur Mitte.[6]

Impuls Welche Etappen gab es auf meinem Lebensweg? Wie könnte ich sie überschreiben? Auf welcher Etappe befinde ich mich gerade?

Auf welche Lebenserfahrung könnte ich das Symbol des Labyrinths spontan übertragen?
Im Internet findet sich unter www.begehbare-labyrinthe.de eine Liste aller begehbaren Labyrinthe im deutschsprachigen Raum, vielleicht ist auch eines in Ihrer Nähe. Man kann das Labyrinth auch geistig durchlaufen: Entweder diese Skizze aus dem Buch kopieren oder in einer Suchmaschine im Internet das Stichwort „Labyrinth Chartres“ eingeben und eine gute graphische Darstellung ausdrucken.[7]

12. Tag

Wege zu mir selbst

Wort der Schrift „Mach dir eine Schlange, und häng sie an einer Fahnenstange auf! Jeder, der gebissen wird, wird am Leben bleiben, wenn er sie ansieht." (Num 21,8; Zur weiteren Lektüre: Num 21,4-9)

Wort in den Tag Das Volk Israel ist unterwegs in der Wüste. Eigentlich ist es ein Weg aus der Gefangenschaft in das Gelobte Land. Aber die Israeliten haben keine Kraft mehr. Sie murren und wollen lieber wieder zurück. Da schickt der Herr Giftschlangen auf ihren Weg. Viele werden gebissen und sterben. Mose bittet den Herrn, von den Giftschlangen befreit zu werden. Und was geschieht? Anstatt die Israeliten von den Giftschlagen zu befreien, spricht Gott zu Mose: „Mach dir eine Schlange, und häng sie an einer Fahnenstange auf! Jeder, der gebissen wird, wird am Leben bleiben, wenn er sie ansieht." (Num 21,8).

Die Botschaft ist eindeutig: Um mit den Giftschlangen meines Lebens (um mit dem, was mich „beißt") fertig zu werden, muss ich sie nicht meiden oder töten, ich muss sie vielmehr anschauen. Und das gilt insbesondere für die Begegnung mit mir selber. Das Labyrinth ist ein solcher Weg der Selbstfindung. Das geht schon aus der griechischen Minotaurus-Sage hervor, die oft als Ursprung des Labyrinths angesehen wird:

Einst verliebte sich Pasiphae, die Frau des kretischen Königs, in einen weißen Stier. Aus dieser Beziehung ging ein Ungeheuer (ein Stier-Mensch) hervor, der Minotaurus. Daraufhin beauftragte der König seinen Baumeister Daedalus, für dieses Wesen ein Gefängnis zu bauen. So entstand das Labyrinth, in dessen Mitte der Minotaurus hauste. Dem Minotaurus aber mussten regelmäßig Menschen geopfert werden. Eines Tages begab sich der athenische Prinz Theseus freiwillig unter die Opfer. Seine Geliebte (Ariadne, die Tochter des kretischen Königs) gab ihm einen Faden mit auf den Weg (den berühmten „Faden der Ariadne"). Nachdem nun Theseus den Faden am Eingang des Labyrinths befestigt hatte, machte er sich auf den Weg. In der Mitte des Labyrinths trifft er auf den Minotaurus und besiegt ihn. Anhand des Fadens findet er den Weg zurück, nimmt Ariadne zur Frau und wird König von Athen.[8]

In der Mitte des Labyrinths begegne ich mir selber und meinen Schattenseiten, gleichsam dem „Tierischen" in mir. Der Weg ins Labyrinth ist daher immer auch ein Blick in den Spiegel. Leonardo da Vinci hat ein Labyrinth entworfen, dessen Mitte aus Spiegeln besteht, die im Achteck zueinander aufgestellt sind. Gelangt man nun in die Mitte dieses Labyrinths, blickt man von allen Seiten auf sich selbst.

Selbsterkenntnis ist auf dem spirituellen Weg die Voraussetzung zur Gotteserkenntnis. Es gibt nicht wenige Menschen, die berichten, dass sie erst nach einer schweren persönlichen Krisensituation wirklich zu sich selber (und zu Gott) gefunden haben. Der Psychoanalytiker Erich Fromm hat bereits 1961 sinngemäß geschrieben: „Der moderne Mensch, der sich leicht von einer Aktivität in die andere treiben lässt, ist bei aller äußeren Hektik im Grunde höchst passiv. Er ist nicht imstande, seine Energien auf das zu konzentrieren, was eigentlich in ihm steckt. Er hat Angst vor sich selber. Er tut alles, um nicht in seine inneren Abgründe schauen … zu müssen … So spielt er sich und anderen das Schaugeschäft eines überhöhten Ich vor – so lange, bis es zum Zusammenbruch kommt."[9]

Im Mittelalter wurde die alte Minotaurussage auf Christus übertragen: So wie Theseus den Weg in das Labyrinth gewagt, den Minotaurus besiegt, den Weg aus dem Labyrinth wieder herausgefunden und somit seine geliebte Ariadne befreit hat – so ist auch Christus den Weg in das Labyrinth dieser Welt gegangen, hat das Böse besiegt, die Menschheit befreit und somit jedem den Weg durch das Labyrinth des Lebens aufgezeigt. Übrigens wurde auch die kupferne Schlange aus dem Buch Numeri auf den erhöhten Christus am Kreuz übertragen. Wer ihn ansieht, der wird auch mit sich selber konfrontiert. Und allein dieser Blick heilt.

„Diesen Weg kann keiner für dich gehen.
Es ist dein Weg der Selbsterkenntnis,
deine Begegnung mit dem Schatten,
deine Wahrheit,
deine Aufgabe,
dein Ziel,
deine Mitte."[10]

Impuls Welche Seiten an mir mag ich überhaupt nicht? Was blende ich lieber aus? Schau es in Ruhe an und wisse: Nur was man annimmt, kann man wandeln!

13. Tag
Wege des Scheiterns

Wort der Schrift „Da ging er in sich." (Lk 15,17; Zur weiteren Lektüre: Lk 15,11-32)

Wort in den Tag Das Lukasevangelium erzählt uns die Geschichte eines jungen Mannes, der auszieht, um das große Glück zu finden. Schon bald muss er feststellen, dass dieses nicht gerade am Wegesrand auf einen wartet. Er landet im Elend. Da geht er in sich und spürt, dass dieser Umweg nötig war, um seinen eigentlichen Weg zu finden. Und so kehrt er verwandelt dorthin zurück, von wo aus er sich auf die Reise gemacht hat.
„Wenn der Mensch zu Besinnung kommt, kann Veränderung geschehen", sagt Heinrich Jacoby[11]. Das Labyrinth ist eine Einladung, die Umwege und Irrwege meines Lebens nicht auszublenden, sondern anzunehmen als Wege des Heils. Scheitern ist zwar in unserer Gesellschaft nicht vorgesehen. Aber Scheitern ist menschlich. Und es sind nicht immer erst die großen Lebenskrisen, die uns das lehren. Es sind oft schon die kleinen alltäglichen Dinge: Ein Projekt geht daneben, ein Wunsch bleibt unerfüllt, eine Hoffnung wird enttäuscht.
Das Spezifikum der christlichen Gotteserfahrung (im Vergleich zu anderen Religionen) liegt in der Erfahrung Jesu am Kreuz. Wider alle Hoffnung und wider allen Tod erwächst neues Leben. Gerade da, wo es hoffnungslos zu sein scheint, werden Grenzen gesprengt. Fragen und Zweifel werden eben nicht aus dem Bereich des Religiösen ausgeklammert.
In dem Buch „Scheitern und Glauben. Vom christlichen Umgang mit Niederlagen" schreiben Gotthard Fuchs und Jürgen Werbick: „Dass die anderen mich scheitern lassen, dass ich andere scheitern lasse, das ist leider kein Einzelfall. Dass wir einander scheitern helfen, das kommt schon seltener vor. Aber ist das Scheiternkönnen nicht geradezu die Reifeprüfung des menschlichen Lebens, weil das Scheiternmüssen die Urbedingung des Menschseins ist?"[12]

Dieser Ansatz christlicher Theologie müsste eigentlich Auswirkungen auf unseren Umgang mit dem Scheitern haben. Dorothee Sölle hat einmal gesagt, dass jammern und stöhnen, um mir und den anderen zu bestätigen, dass es da nichts zu machen und zu ändern gibt, der „gottloseste Satz des Alltags“[13] sei.
Das Labyrinth sagt uns dazu: Solange wir das Leben als einen Irrgarten betrachten, ist jeder Fehler ein unnötiger Umweg und vergeudete Zeit. Wenn wir das Leben jedoch als Labyrinth deuten, dann ist jeder Fehler ein Teil des Weges und ein unerlässlicher Lehrmeister. Das Leben orientiert sich oft an dem Prinzip: Richtig ist gut, falsch ist schlecht. Das Symbol für diese Sicht der Dinge ist der Irrgarten: Derjenige hat den Irrgarten am besten bewältigt, der am wenigsten Fehler macht und den richtigen Weg möglichst schnell findet. Das Labyrinth hingegen vermittelt uns eine ganz andere Botschaft: Es gibt keinen längeren oder kürzeren Weg. Jede Wendung muss gegangen werden, wenn man in die Mitte will. Nur wer wirklich in die Wendungen hineingeht, für den verwandeln sich Umwege zu kostbaren Wegstrecken, Wunden werden zu Orten der Heilung, und Krisen führen auf neue Wege. Im Labyrinth gibt es kein richtiges oder falsches Gehen. Es gibt keinen zu schnellen oder zu langsamen Weg. Es gibt auch keinen besseren oder schlechteren Weg. Es gibt nur einen Weg, der gegangen wird oder nicht.[14]
Was, wenn kein Weg meines Lebens umsonst war? Was, wenn alles (so schmerzlich es auch gewesen sein mag) im Letzten sinnvoll und heilsam war? Was, wenn jede Sackgasse am Ende gar keine Sackgasse, sondern ein not-wendiger Weg war?

Aber der Weg durch das Labyrinth braucht Zeit. Ich muss mich von dem Glauben verabschieden, dass es doch auch einfacher und schneller gehen müsse. Das Labyrinth sagt uns: Einfache Dinge lassen sich schnell haben, kostbare nicht!
„Gerade dann, wenn ich eigentlich ganz anders empfinde, taucht das Bild des Labyrinths vor mir auf und sagt: Es ist wie es ist und es ist gut so. Was ist, wenn es wirklich so wäre? Was, wenn jede Entscheidung in meinem Leben gut war? Gut und notwendig für meinen Weg zur Mitte? Ich lebe in einer Welt, die wie ein Irrgarten wirkt, aber ein Labyrinth ist.“[15]

Impuls Welche „Wunden“ meines Lebens beschäftigen mich immer noch? Ich darf sie anschauen und mir sagen: „Kein Weg meines Lebens war umsonst! Alles (so schmerzlich es auch gewesen sein mag) war im Letzten sinnvoll und heilsam! Jede Sackgasse schien nur eine solche zu sein, aber war schließlich ein not-wendiger und heilsamer Weg!“

14. Tag

Wege zu Gott

Wort der Schrift „Du sollst an den ganzen Weg denken." (Dtn 8,2; Zur weiteren Lektüre: Dtn 8,1-6)

Wort in den Tag Wie kann ich Gott erfahren? Das ist wohl eine der drängendsten Fragen des Menschen. In einem alten Schrifttext heißt die Antwort auf diese Frage an Mose: „Du sollst an den ganzen Weg denken, den der Herr, dein Gott, dich während dieser vierzig Jahre in der Wüste geführt hat."

Meinen Lebensweg geistlich zu entschlüsseln – das gelingt oft erst, wenn ich mir den ganzen Weg vor Augen führe, den ich bislang gegangen bin.

Die Theologie der letzten Jahre hat sich intensiv mit dem Begriff „Erfahrung" auseinandergesetzt. Vom Etymologischen her heißt „erfahren": reisend erkunden, experimentell aneignen. Erfahrung meint also nicht zuletzt die Reflexion des ganzen Weges (oder zumindest eines längeren Wegabschnittes). Gotteserfahrung ereignet sich daher erst dann, wenn ich die Einzelereignisse meines Lebens in einen religiösen Gesamtzusammenhang hinein deuten kann.

Der Theologe Bernhard Fraling unterscheidet in diesem Zusammenhang zwischen direkter und indirekter Gotteserfahrung.[16] Die direkte Gotteserfahrung meint das Einzelerlebnis. Indirekte Gotteserfahrung hingegen bezieht sich auf den ganzen Weg. Und gerade zum Meditieren des ganzen Weges lädt uns das Labyrinth ein. Unsere ganz konkrete Lebensgeschichte muss wieder neu der Verständnisschlüssel für Theologie, Spiritualität und Glauben werden. Der Weg meines Lebens ist somit immer auch der erste Ansatzpunkt für meine Gotteserfahrung.

Im berühmten Labyrinth zu Chartres wird auf architektonische Weise zum Ausdruck gebracht, wie Lebensweg und Glaubensweg sich zu einander verhalten: Der Abstand zwischen dem Eingang der Kathedrale und der Mitte des Labyrinths beträgt genau 31,75 Meter. Von der Mitte des Labyrinths bis zur Vierung sind es wiederum 31,75 Meter. Und von der Vierung bis zur

Mitte des Altars sind es noch mal 31,75 Meter. Auf diese Weise korrespondiert die Mitte des Labyrinths gleichsam mit der Mitte des Altars. Die Mitte des Labyrinths lädt ein zum Verweilen bei mir selber und zum Verweilen bei Gott. Die Mitte des Altars hingegen ist der Ort, an dem meine Lebenswege durch den Lebensweg Jesu gedeutet, gefeiert und gewandelt werden.

Gernot Candolini schreibt dazu: „Das Geheimnis des Glaubens kann nur verstehen, wer zuerst im Labyrinth seine Emotionen ‚durchgearbeitet' hat, sein Leben betrachtet hat und sich gewendet hat. Danach muss er in das Herz schreiten und sich öffnen. Und erst dann kann verstanden werden, was am Altar passiert."[17]

Dem Volk Israel in der Wüste schickt Gott als Wegzehrung das „Manna", das Brot vom Himmel. Jesus hinterlässt seinen Jüngern das Abendmahl als leibhaftiges Zeichen seiner Gegenwart. Beides soll daran erinnern, dass Gott den ganzen Weg mitgeht – und dass mein persönlicher Lebensweg längst schon in seinem Weg aufgehoben, verwandelt und erlöst ist.

Herr, du hast mich erforscht und du kennst mich.
Ob ich sitze oder stehe, du weißt von mir.
Von fern erkennst du meine Gedanken.
Ob ich gehe oder ruhe, es ist dir bekannt;
du bist vertraut mit all meinen Wegen.
Du umschließt mich von allen Seiten
und legst deine Hand auf mich. –
Zu wunderbar ist für mich dieses Wissen
zu hoch, ich kann es nicht begreifen.
Steige ich hinauf in den Himmel, so bist du dort
bette ich mich in der Unterwelt, bist du zugegen.
Nehme ich die Flügel des Morgenrots
und lasse mich nieder am äußersten Meer,
auch dort wird deine Hand mich ergreifen
und deine Rechte mich fassen.
Sieh her, ob ich auf dem Weg bin, der dich kränkt
und leite mich auf dem altbewährten Weg!
(Ps 139,1-3.5-6.8-10.24)

Impuls Kann ich in meinem Leben einen „roten Faden" erkennen? Wie nah fühle ich mich momentan meinem „roten Faden"? Was steht möglicherweise an, um ihn wieder (neu) aufzunehmen?
Meditiere den Psalm 139.

15. Tag

Wege aus dem Labyrinth

Wort der Schrift „Als sie den Berg hinabstiegen, verbot er ihnen, mit irgendwem darüber zu reden.“ (Mt 17,9; Zur weiteren Lektüre: Mt 17,1-9)

Wort in den Tag Das Labyrinth ist ein sehr realistisches Symbol für unser Leben. Wer in der Mitte angekommen ist, wird dort nicht ewig bleiben können. Er muss wieder zurückkehren. Auch Petrus, Jakobus und Johannes, die Jesus auf den Berg Tabor begleitet haben und dort Zeugen eines großartigen Verwandlungsgeschehens („Verklärung des Herrn“) wurden, müssen wieder hinabsteigen in das Tal des Alltags. Oder anders formuliert: Nachdem die drei Jünger und Jesus das Labyrinth betreten und eine außerordentliche Erfahrung in der Mitte des Labyrinths gemacht haben, müssen auch sie wieder zurück. Sie wären lieber geblieben: „Herr, es ist gut, dass wir hier sind. Wenn du willst, werde ich hier drei Hütten bauen.“ Aber gerade darum geht es nicht. Jesus fordert sie auf, wieder hinabzusteigen, um sich dem zu stellen, was unausweichlich ist.

Wer sich schon einmal auf einen Pilgerweg gemacht hat, der kennt das Gefühl: Man hat sich lange auf ein besonderes Ziel zu bewegt. Man war an einem Ort, an dem sich Himmel und Erde berühren. Und nun soll man wieder zurück in den Alltag. Wer will das schon?

Nachdem aber das Ziel erreicht ist, geht es aber darum, wieder umzukehren. Die Mitte des Labyrinths wendet meinen Blick dorthin, von wo ich gekommen bin. Daher gilt auch: Der Weg aus dem Labyrinth heraus ist im Letzten sogar der wichtigere von beiden. Deswegen ist es gut, die Menschen meines Alltags, meine Arbeit, meine Aufgaben in der Mitte des Labyrinths im Herzen zu bewegen: Was bedeuten mir eigentlich die Menschen, die mir nahe stehen? Was ist eigentlich meine Aufgabe? Was ist mein nächster Schritt? Vielleicht führen mich diese Fragen soweit, dass ich merke: Die Heimat ist gar nicht dort, wo ich

es meinte, und die Aufgaben meines Lebens sind ganz andere, als ich dachte.
An dieser Stelle noch einmal zurück zur Minotaurus-Sage: Theseus muss in das Labyrinth, um das Ungeheuer (und somit auch: sich selbst) zu besiegen. Seine geliebte Ariadne gibt ihm einen Faden mit, den er am Eingang des Labyrinths befestigt, um so wieder zurückzufinden, den berühmten Faden der Ariadne. Und an dieser Stelle stellt sich doch (nach allem, was wir über das Labyrinth wissen), die Frage: Wieso hat Theseus einen Faden gebraucht, um aus dem Labyrinth herauszufinden? Es gibt doch nur sowieso nur einen Weg, hat er das denn nicht gemerkt? Gernot Candolini hat darauf eine simple Antwort: „Für einen Mann ist es immer leichter, zu einer Heldentat aufzubrechen als zur Liebe.“[18]
Die Mitte ist ein seltsamer Ort. Sie trägt, sie schützt, sie tut gut. Aber irgendwann weiß ich, dass das noch nicht alles war. Ich muss wieder zurück. Und dieser Weg aus dem Labyrinth heraus ist weitaus unspektakulärer als der Weg hinein. Ein Weg mit weit weniger Eindrücken und Ereignissen. Ein eher stiller Weg. Aber genau auf diesen Weg kommt es an.

„Wir werden nicht aufhören zu erkunden,
und das Ende all unserer Erkundungen
wird die Ankunft an der Stelle sein,
wo wir begannen,
und wir werden sie zum ersten Mal erkennen.“
T. S. Eliot[19]

Impuls Wovor drücke ich mich schon lange? Was ist mein nächster Schritt (ich brauche dafür gar nicht lange überlegen, ich kenne ihn genau – und sollte ihn endlich gehen)?

16. Tag

Wege der Wandlung

Wort der Schrift „Da gingen ihnen die Augen auf, und sie erkannten ihn. Und sie sagten zueinander: Brannte uns nicht das Herz in der Brust, als er unterwegs mit uns redete und uns den Sinn der Schrift erschloss?" (Lk 24,31-32; Zur weiteren Lektüre: Lk 24,13-35)

Wort in den Tag Zwei Menschen sind miteinander auf dem Weg von Jerusalem nach Emmaus. So manche gemeinsame Erfahrung liegt hinter ihnen. Auf dem Weg kommen die beiden miteinander ins Gespräch. Sie erinnern sich an den Weg, der hinter ihnen liegt, sie erinnern sich an eine Geschichte mit Höhen und Tiefen. Und jetzt fragen sie sich: Was hatte das alles für einen Sinn? Wie soll es jetzt weitergehen? Einer, der offenbar denselben Weg geht, holt sie ein, fällt in ihr Tempo und geht mit ihnen an ihrer Seite. Ein Fremder zwar, aber doch irgendwie vertraut. Die beiden Jünger sind zunächst mit Blindheit geschlagen. Sie erkennen den Fremden nicht. „Wie schwer fällt es euch, zu glauben?", fragt der Fremde. Und er stellt ihren gesamten bisherigen Weg in das Licht des Glaubens. Er erklärt ihnen, was das alles für einen Sinn hatte. So langsam wird ein roter Faden erkennbar. Die beiden Jünger sind fasziniert und drängen den Fremden zum Bleiben. Und als er bei ihnen sitzt und das Brot bricht, da erkennen sie: Es ist der Herr. Da brechen sie erneut auf und gehen den Weg von Emmaus nach Jerusalem wieder zurück – aber sie gehen ihn verwandelt zurück.
Das Labyrinth hält eine „doppelte Einladung" für uns bereit: Wir dürfen den Weg gehen – und wir dürfen den Weg betrachten. Beides wird in der Emmausgeschichte deutlich.
Ein Begriff, der den geistlichen Weg eines Menschen auf den Punkt bringen kann, ist das Wort Umformung[20]. Geistliches Leben ist niemals etwas Abgeschlossenes. Es ist ein Weg mit Unwägbarkeiten und Scheitern. Aber es ist auch die Einladung, die Wege des Lebens im Lichte des Glaubens zu deuten. Das wiederum bedeutet nichts anderes. als sich von den Erfahrungen auf

dem Wege umformen zu lassen, sie zu verinnerlichen und sich mit ihrer Hilfe wieder neu auf den Weg zu machen. Bei dieser Umformung geht es um eine allmähliche Verinnerlichung der Mitte, um die Festigung meiner Grundeinstellung, um das Hineinwachsen in christliche Spiritualität. Und damit geht es um einen nie endenden geistlichen Prozess, der manchmal wie ein Irrgarten erscheint, in Wirklichkeit aber ein Labyrinth ist, das alle Dimensionen der menschlichen Existenz umfasst.
Dieser Prozess wird mich mein Leben lang nicht in Ruhe lassen. Im Übrigen ist der christliche Glaube durch zwei Grundworte geprägt: Vision und Verwandlung. Beides feiern wir in der Eucharistie.[21]
Unser Leben ist niemals etwas Fertiges. Auf dem Weg ins Labyrinth gibt es zwei große Krisen. Die erste kommt, wenn der Zauber des Anfangs verflogen ist. Die zweite kommt in der Mitte. Beide stellen dieselbe Frage: Willst du wirklich?

In jedem Lebenslauf gibt es einen verborgenen roten Faden.
Der Plan enthüllt sich schrittweise.
Jeder Lebensweg hat Hindernisse und Wendepunkte.
Wir können auf dem Lebensweg nicht verloren gehen.
Der Weg gehört zum Ziel.
Mal sind wir der Mitte ganz nahe,
dann entfernen wir uns wieder von ihr.
Manchmal dauert der Weg länger als geplant.
Jeder Wendepunkt schenkt einen Perspektivenwechsel.
Umwege führen zum Ziel.
Wir wissen nicht, wann wir das Ziel erreichen werden.
Oft kommen wir unerwartet ans Ziel.
Das Ziel kann hinter jeder Wegbiegung liegen.
Du kannst in der Mitte nicht auf Dauer bleiben.
Wo der Weg anfängt, da endet er auch.
Der Anfang ist das Ende, das Ende ist der Anfang.
Aber du wirst verwandelt dahin zurückkehren.[22]

Impuls Für welches Ereignis in meinem Leben wünsche ich mir am meisten „Wandlung"? Ich gehe damit in ein Labyrinth (geistig oder körperlich) und bitte Gott um Heilung – oder in einem Gottesdienst und bitte Gott um „Wandlung".

Schicksalswege

3. Fastenwoche

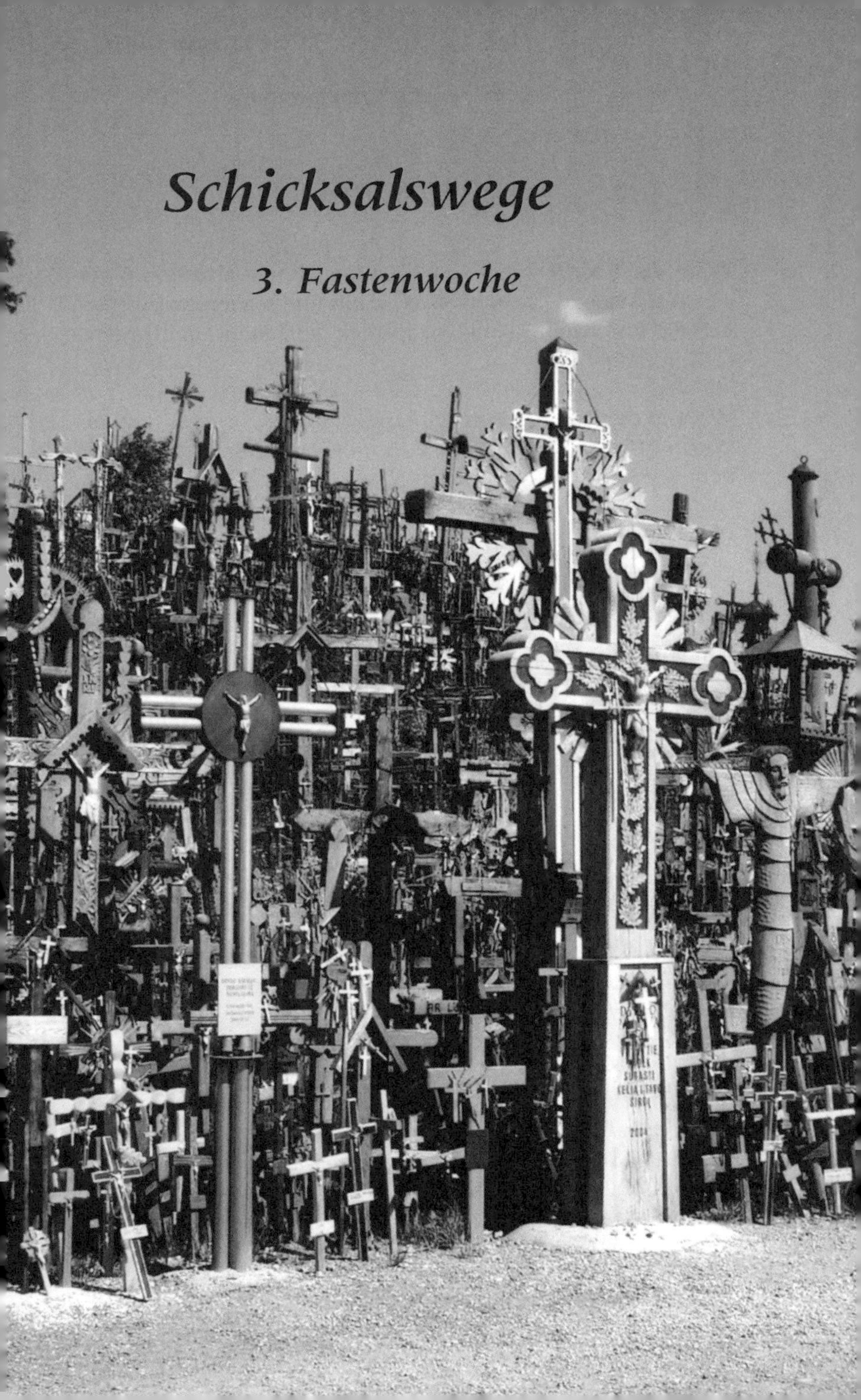

17. Tag

Wen es trifft

Wort der Schrift „Wir plagen uns ab und arbeiten mit eigenen Händen; wir werden beschimpft und segnen; wir werden verfolgt und halten stand; wir werden geschmäht und trösten." (1 Kor 4,12)

Wort in den Tag Hab deinen Weg lieb! Kein zerschnittener Wurm ist so zäh wie der Mensch. Mit den Brandmalen an seinem Körper leben – überleben.

Wen es trifft
von Hilde Domin[23]

Wen es trifft
der wird aufgehoben
wie von einem riesigen Kran
und abgesetzt
wo nichts mehr gilt
wo keine Straße
von Gestern nach Morgen führt.
Die Knöpfe, der Schmuck und die Farbe
werden wie mit Besen
von seinen Kleidern gekehrt.
Dann wird er entblößt
und ausgestellt.
Feindliche Hände
betasten die Hüften.
Er wird unter Druck
in Tränen gekocht
bis das Fleisch
auf den Knochen weich wird
wie in den langsamen Küchen der Zeit.
Er wird durch die feinsten
Siebe des Schmerzes gepresst
und durch die umbarmherzigen Tücher geseiht
die nichts durchlassen
und auf denen das letzte Korn
Selbstgefühl
zurückbleibt.
So wird er ausgesucht
und bestraft
und muss den Staub essen
auf allen Landstraßen des Betrugs
von den Sohlen aller Enttäuschten
und weil Herbst ist
soll sein Blut
die großen Weinreben düngen
und gegen den Frost feien.
Manchmal jedoch
wenn er Glück hat

aber durch kein kennbares
Verdienst
so wie er nicht ausgesetzt ist
für eine wissbare Schuld
sondern ganz einfach weil er
zur Hand war
wird er
von der unbekannten
allmächtigen Instanz
begnadigt
solange noch Zeit ist.
Dann wird er wiederentdeckt
wie ein verlorener Kontinent
oder ein Kruzifix
nach dem Luftangriff
im verschütteten Keller.
Es ist als würde eine Weiche
gestellt:
sein Nirgendwo
wird angekoppelt
an die alte Landschaft
wie man einen Wagen
von einem toten Geleis
an einen Zug schiebt.
Unter dem regenbogenen Tor
erkennt ihn öffnet die Arme
zu seinem Empfang
ein zärtliches Gestern
an einem bestimmbaren
Tag des Kalenders
der dick ist mit Zukunft.
Keine Katze mit sieben Leben
keine Eidechse und kein
Seestern
denen das verlorene Glied
nachwächst
kein zerschnittener Wurm
ist so zäh wie der Mensch
den man in die Sonne
von Liebe und Hoffnung legt.
Mit den Brandmalen auf sei-
nem Körper
und den Narben der Wunden
verblasst ihm die Angst.
Sein entlaubter
Freudenbaum
treibt neue Knospen
selbst die Rinde des Vertrauens
wächst langsam nach.
Er gewöhnt sich an das
veränderte
gepflügte Bild
in den Spiegeln
er ölt seine Haut
und bezieht den vorwitzigen
Knochenmann
mit einer neuen Lage von Fett
bis er für alle
nicht mehr fremd riecht.
Und ganz unmerklich
vielleicht an einem Feiertag
oder an einem Geburtstag
sitzt er nicht mehr
nur auf dem Rande
des gebotenen Stuhls
als sei es zur Flucht
oder als habe das Möbel
wurmstichige Beine
sondern er sitzt
mit den Seinen am Tisch
und ist zuhause
und beinah
sicher
und freut sich
der Geschenke
und liebt das Geliehene

mehr als einen Besitz
und jeder Tag
ist für ihn
überraschendes Hier
so leuchtend leicht
und klar begrenzt
wie die Spanne
zwischen den ausgebreiteten
Schwungfedern
eines gleitenden Vogels.
Die furchtbare Pause
der Prüfung
sinkt ein
wie ein Tief zwischen den
Inseln.
Die Schlagbäume
an allen Grenzen
werden wieder ins Helle
verrückt.
Aber die Substanz
des Ich
ist so anders
wie das Metall, das aus dem
Hochofen kommt.
Oder als wär er
aus dem zehnten oder
zwanzigsten Stock
– der Unterschied ist gering –
beim Salto mortale
ohne Netz –
auf seine Füße gefallen
mitten auf den Times Square
und mit knapper Not
vor dem Wechsel des roten
Lichts
den Schnauzen der Autos
entkommen.
Doch eine gewisse Leichtigkeit
ist ihm
wie einem Vogel
geblieben.
Du aber
der du ihm
auf jeder Straße begegnest
der du mit ihm
das Brot brichst
bücke dich und streichle
ohne es zu knicken
das zarte Moos am Boden
oder ein kleines Tier
ohne dass es zuckt
vor deiner Hand.
Lege sie schützend
auf den Kopf des Kindes
lasse sie küssen
von dem zärtlichen Mund
der Geliebten
oder halte sie
wie unter einen Kranen
unter das fließende Gold
der Nachmittagssonne
damit sie transparent wird
und gänzlich untauglich
zu jedem Handgriff
beim Bau
von Stacheldrahthöllen
öffentlichen
oder intimen
und damit sie nie
wenn die Panik
ihre schlimmen Waffen verteilt
„Hier" ruft
und nie
die große eiserne
Rute zu halten bekommt
die durch die andere Form

hindurchfährt
wie durch Schaum.
Und dass sie dir nie
an keinem Abend
nach Hause kommt
wie ein Jagdhund
mit einem Fasan
oder einem kleinen Hasen
als Beute seines Instinkts
und Dir die Haut
eines Du
auf den Tisch legt.
Damit
wenn am letzten Tag
sie vor dir
auf der Bettdecke liegt
wie eine blasse Blume
so matt
aber nicht ganz so leicht
und nicht ganz so rein
sondern wie eine Menschen-
hand
die befleckt
und gewaschen wird
und wieder befleckt
du ihr dankst
und sagst
Lebe wohl
meine Hand.
Du warst ein liebendes
Glied
zwischen mir und der Welt.

Impuls Lesen Sie heute mehrmals dieses Gedicht von Hilde Domin. Finden Sie darin Ihre eigenen Lebenserfahrungen wieder? Betrachten Sie Ihre Hände und deren unergründliche Geschichte.

18. Tag
Mit Brandmalen auf der Seele

Wort der Schrift „Eines aber tue ich: Ich vergesse, was hinter mir liegt, und strecke mich nach dem aus, was vor mir ist." (Phil 3,13)

Wort in den Tag Vergessen was war, gelingt das? Nach traumatischen Erfahrungen, wie sie Paulus hatte, wünscht man sich nichts sehnlicher als das: die vermeintliche Schuld, den Schmerz vergessen, um weiterleben zu können. Verdrängen wird zur Überlebensstrategie. Vergessen wird dadurch nichts! Traumas bleiben ein Leben lang im Gedächtnis! Und manchmal genügt etwas ganz Banales – ein Wort, ein Bild, eine Geste nur – und alles ist wieder präsent. Dann kommt man aus dem Takt, wie ein schlechter Tänzer, der über seine eigenen und über fremde Füße stolpert.
Ich bin oft „gestolpert", eines Tages auch über ein Gedicht von Hilde Domin, und das wurde für mich dann sehr wertvoll, weil es meinen Empfindungen Raum gab, weil es ausdrucksstarke Wortbilder für all das Unaussprechliche in mir fand: „Wen es trifft, der wird aufgehoben wie von einem riesigen Kran und abgesetzt wo nichts mehr gilt, wo keine Straße von Gestern nach Morgen führt ... Er wird durch die feinsten Siebe des Schmerzes gepresst und durch die umbarmherzigen Tücher geseiht, die nichts durchlassen und auf denen das letzte Korn Selbstgefühl zurückbleibt."
Die Tragweite solcher Worte kann ein Nichtbetroffener wohl kaum ermessen. Mir wurde dadurch die Kindheit und schließlich sogar Gott geraubt. Es war ein Fallen ins Bodenlose, in ein namensloses Nichts. Und ich sehnte mich nach Heimat, einer bergenden Bleibe, weil die, die ich hatte, wie ein Kartenhaus in sich zusammenfiel. Morgens schon sehnte ich die schützende und barmherzige Dunkelheit der Nacht herbei, aber in der Nacht fürchtete ich die quälenden Träume und wünschte mir die Erlösung des Morgens – doch der brachte keine Erlösung ...
Bis eines Tages „eine Weiche gestellt" wurde: „Manchmal je-

doch wenn er Glück hat, aber durch kein kennbares Verdienst so wie er nicht ausgesetzt ist für eine wissbare Schuld … wird er von der unbekannten allmächtigen Instanz begnadigt solange noch Zeit ist … Es ist als würde eine Weiche gestellt: sein Nirgendwo wird angekoppelt an die alte Landschaft … an einem bestimmbaren Tag des Kalenders, der dick ist mit Zukunft."

Auf wunderbare Weise begegnete ich im Internet einer Seelsorgerin, die mich auffing, mir Halt und Hoffnung gab, nicht zuletzt deshalb, weil sie mir den „geraubten" Gott zurückgab. Die Anonymität des Netzes und ihre behutsame Art ermöglichten es mir, mich immer mehr zu öffnen, und allmählich fand ich selbst Worte für das Unaussprechliche in mir. Zaghaft zuerst, doch bald floss es immer stärker aus mir heraus. Je leerer und leichter ich wurde, desto fester wurde der Boden unter meinen Füßen. Durch das Gefühl des Angenommenseins, unermüdlicher Zuwendung und Geduld lernte ich meine traumatischen Erfahrungen zu überwinden, d. h., sie belasten und beeinträchtigen nicht mehr den normalen Alltag, ich bin wieder fähig, Vertrauen in Menschen und auch in Gott zu entwickeln.

Und ich stelle fest: Der düstere erste Teil des Gedichtes, der mich lange Zeit besetzt hielt, hat nun jenen Versen Platz gemacht, die von Zuversicht und Hoffnung erzählen – und die ich zuvor gar nicht wahrgenommen hatte: „Mit den Brandmalen auf seinem Körper und den Narben der Wunden verblasst ihm die Angst. Sein entlaubter Freudenbaum treibt neue Knospen selbst die Rinde des Vertrauens wächst langsam nach …"

Es war ein langer und schmerzhafter Weg bis hierher, und ein Stück weit durfte ich schon Eilheilung erfahren, doch „die Substanz des Ich ist so anders wie das Metall, das aus dem Hochofen kommt". Und es bleiben Narben zurück, aber sie sind wie Augen, die mich sensibel machen für das Leid der anderen.

Ich muss nicht mehr „vergessen, was hinter mir liegt". Ich kann es anschauen und annehmen, weil ich der Zusage traue, dass Gott mich trotz allem liebt. Unter dieser heilenden „Sonne von Liebe und Hoffnung" gelingt es mir von Tag zu Tag mehr, „mich auszustrecken nach dem, was vor mir ist".

Es ist ein Geschenk – und wie ein Wunder!

Impuls Angst oder Scham verdunkeln die Seele, lassen uns verstummen. Es ist wichtig, die Sprache wiederzufinden. Doch sich öffnen kostet Mut – man gibt sich preis und wird verwundbar. Aber es ist die einzige Möglichkeit, Beziehungen zu leben. Sich Ängste und Schuld einzugestehen, sie in den Mund zu nehmen, öffnet verriegelte Türen und Fenster im Innern, gewährt Einlass für neues Leben, neue Hoffnung – für das Licht. Damit wieder Licht in das Dunkel unserer Seele gelangen kann, kann das Gespräch mit einem Seelsorger hilfreich sein. Eine verlässliche Adresse dafür ist z. B. www.internetseelsorge.de

19. Tag

Über den eigenen Horizont hinaus

Wort der Schrift „O Tiefe des Reichtums, der Weisheit und der Erkenntnis Gottes! Wie unergründlich sind seine Entscheidungen, wie unerforschlich seine Wege!“ (Röm 11,33)

Wort in den Tag Als junge Frau hatte ich hochfliegende Pläne. Ich wollte studieren, Journalistin werden, mithelfen, die Umwelt zu retten. Kinder waren in meinem Lebensentwurf nicht vorgesehen. In der Mitte meines Studiums wurde ich schwanger – ungeplant und ungewollt. Einige meiner Freunde rieten mir dringend, mich gegen das Kind zu entscheiden, sonst sei es mit meinen beruflichen Ambitionen vorbei. Auch wenn ich mich damals in meiner Sturm- und Drangzeit von meiner katholisch geprägten Erziehung entfernt hatte, blieb das fünfte Gebot – Du sollst nicht töten – ein innerer Leuchtturm, der meine Haltung gegenüber meiner Schwangerschaft prägte. Obwohl ich unsicher bezüglich meiner Zukunft war und Angst hatte, meine Pläne nicht verwirklichen zu können, bekam ich das Kind.

Und ich wurde zugleich auf eine weitere Probe gestellt: Meine Tochter kam mit einer entstellenden Fehlbildung zur Welt, mit einer Lippen-Kiefer-Gaumenspalte. Doch in dem Moment, als ich zum ersten Mal in ihre großen, dunkelblauen Augen sah, geschah so etwas wie ein Wunder: Ich verliebte mich in mein Kind, die Angst fiel von mir ab, und ich war zuversichtlich, dass alles gut werden würde.

Bis alles gut wurde, war allerdings noch ein weiter Weg. Lange Jahre lebte ich mit meiner Tochter alleine, zog mit ihr von München nach Köln, wo sich für mich eine berufliche Chance bot. In dieser Zeit des Alleinerziehens habe ich Stephanie viel zugemutet, obwohl ich mich nach Kräften bemühte, sie in ihrer für sie nicht immer einfachen Entwicklung zu unterstützen. Früh lernte sie, mit Hänseleien umzugehen, sie wurde fünfmal operiert, machte eine Sprachtherapie und reifte mit der Zeit zu einer selbständigen Persönlichkeit. Gefördert wurde sie dabei auch von meinem Mann, der in unser Leben trat, als Stephanie zwölf war und mit dem das von ihr so ersehnte Familienleben mit weiteren Geschwistern – zwei Brüdern – möglich wurde. Heute ist Stephanie eine selbstbewusste junge Frau, die sich des Lebens freut. Sie studiert internationale Politik im Ausland, reist viel und hat auf der ganzen Welt Freunde. Wir haben eine gute Beziehung zueinander, und Stephanie kommt in den Semesterferien regelmäßig nach Hause. Dass sie es in ihrer Jugend oft schwerer hatte als andere Kinder und dass nicht alles perfekt war, macht sie mir nicht zum Vorwurf. Im Gegenteil: Sie ist davon überzeugt, dass sie von ihrer frühen Selbständigkeit profitiert hat, dass sie wohl kaum gewagt hätte, nach dem Abitur ganz alleine eine Weltreise zu unternehmen, wenn sie nicht früh gelernt hätte, Verantwortung für sich zu übernehmen. Heute kann ich aus frohem Herzen sagen, dass ich damals dank meines Glaubens eine der besten Entscheidungen meines Lebens getroffen habe – auch wenn sie im ersten Moment unbequem war. Ich bin wesentlich gelassener als früher, wenn mein Leben mal wieder in unvorhergesehenen Wendungen verläuft, denn ich durfte erfahren: Das Vertrauen in Gott und der Kompass der zehn Gebote sind die richtige Ausrüstung, um durch das Leben zu navigieren. Und ach ja: mein beruflicher Traum vom Journalismus hat sich trotzdem – oder vielleicht sogar deshalb? – erfüllt.

Impuls Manchmal fällt es schwer, über den eigenen Horizont hinaus zu sehen. Hinter dem Horizont lauern Ängste, mit dem Unbekannten, mit dem Unvorstellbaren nicht fertig werden zu können. Doch dem mutigen Wanderer auf dem Lebensweg wird unerwartete Hilfe zuteil. Gerade Frauen, die ungewollt schwanger werden, möchte ich ermutigen, diesen ungeplanten Weg einzuschlagen. Auch wenn er zunächst einmal vom eigenen Ziel abzuweichen scheint. Aus meiner Erfahrung ergibt sich daraus eine Fülle an Lebensglück, die sich auf dem ursprünglichen Weg kaum eingestellt hätte. Mann/Frau wächst mit den Herausforderungen des Lebens.

20. Tag
Alles hat seine Zeit

Wort der Schrift „Ein jegliches hat seine Zeit, und alles Vorhaben unter dem Himmel hat seine Stunde: geboren werden hat seine Zeit, sterben hat seine Zeit; pflanzen hat seine Zeit, ausreißen, was gepflanzt ist, hat seine Zeit; ... weinen hat seine Zeit, lachen hat seine Zeit; klagen hat seine Zeit, tanzen hat seine Zeit; ... lieben hat seine Zeit, hassen hat seine Zeit; Streit hat seine Zeit, Friede hat seine Zeit." (Koh 3,1-8)

Wort in den Tag Wir waren 23 und 21, als wir geheiratet haben. Beide waren wir Kinder von Kriegerwitwen. Trotzdem sind wir in ordentlichen Verhältnissen aufgewachsen, in der katholischen Gemeinde beheimatet, nach Realschulabschluss und Banklehre auch berufsmäßig zufrieden.
Ich wäre am liebsten sofort schwanger geworden. Günter meinte, wir sollten erst ein paar Monate Geld verdienen. Also ließen wir es darauf ankommen. Die Monate vergingen, es wurden Jahre. Die Sehnsucht nach einem Kind wurde immer größer. Von Monat zu Monat warten und neue Enttäuschung! Viele Freundinnen und Freunde hatten im gleichen Jahr geheiratet. Alle wurden schwanger – nur wir nicht.
Die Gespräche der andern über Kinderernährung oder die ersten Schritte waren Nadelstiche für unsere Seele. Bei vielen lustigen Festen im Freundeskreis haben wir ausgelassen mitgefeiert – und hätten doch eigentlich heulen können. Wenn die andern frozzelten und nachfragten, wann es denn bei uns so weit wäre, hatten wir unzählige Ausreden parat.
Nie und nimmer hätten wir über den Schmerz mit jemandem sprechen können. Wir waren so einsam trotz vieler Freunde!
Die Ärzte hatten keine Erklärung. Es gab eigentlich keinen Grund dafür, dass ich nicht schwanger wurde. Die Ansätze zu einer künstlichen Befruchtung haben wir schnell abgebrochen. Die Belastung war einfach zu groß! Die Seele war so belastet, dass sich die körperlichen Beschwerden mehrten. Am Ende einer Kur wegen der ständigen Magengeschwüre entschlossen

wir uns, einen Adoptionsantrag zu stellen. Sieben Jahre waren wir inzwischen verheiratet.
Der Weg über die Ämter ist unbequem, aber gehbar! Schließlich kannten wir das Ziel. Es folgten ausführliche Gespräche mit dem Jugendamt über Grund und Motivation, Gesundheitsprüfung, Verdienstbescheinigung und Wohnungsgröße. Sogar der Pfarrer sollte unsere voraussichtliche „Erziehungstauglichkeit" bescheinigen.
Dann kam eines Tages der Anruf der Sachbearbeiterin: Wir haben ein Kind für Sie. Wollen Sie es anschauen? Es war ein sechs Monate alter Junge im Kinderheim! Seine 16-jährige Mutter konnte ihn nicht behalten.
Kann man ein Kind anschauen und sich dann dagegen entscheiden? An einem Freitagnachmittag, es war der 10. Dezember, habe ich meinen Dienst bei der Bank für immer beendet. Wir sind ins Kinderheim gefahren und haben Christoph nach Hause geholt. Den Freunden und Bekannten, die ja unsere „Schwangerschaft" nicht bemerken konnten, übermittelten wir das freudige Ereignis mit einer Einladung zur Taufe: „Wir freuen uns über unseren Sohn Christoph. Er ist am 13. Juni geboren und wird am 4. Adventssonntag getauft."
Die Glocken läuteten, als wir zur Kirche gingen. Christoph hatte ich in eine gelbe Babydecke gehüllt.

Nach der Ankunft von Christoph wurden uns vom Jugendamt zwei weitere Kinder anvertraut. Markus ist elf Monate jünger als Christoph. Fünf Jahre später zog Katja ein.
Es folgten für uns alle viele segensreiche, glückliche Familienjahre. Wir waren immer stolz auf die Kinder. Und unendlich dankbar! An unserem Küchentisch wurden Freud und Leid miteinander geteilt. Die Wochenenden auf unserer „Ranch" im Taunus ohne Wasser und ohne Strom sind uns allen unvergesslich. In vielen gemeinsamen Urlauben haben wir eine wunderbare Zeit zusammen gehabt. Mit jedem Kind haben wir jährlich den Geburtstag, den Tauftag und den „Ankunftstag" gefeiert. So gab es immer genug zu feiern!
Ohne die vorhergehende „Wüstenzeit" hätten wir die Jahre bestimmt nie so genießen können.

Impuls Alles hat seine Zeit. Wie kann ich die Dürrezeiten im Leben ohne Schaden überstehen? Kann ich in guten Zeiten bewusst Kraft sammeln?
Bleibe ich flexibel, und bin ich bereit für „Überraschungen“ des Lebens? Kann ich mich ohne Groll von einem Wunsch, einem Ziel verabschieden? Habe ich dadurch die Chance, offen zu werden für neue Wege?
„Narben sind Augen.“ Sehe und höre ich auch die unausgesprochene Not anderer?

21. Tag
Wiederentdeckt wie ein verlorener Kontinent

Wort der Schrift „Eine tatkräftige Frau – wer findet sie? Weit mehr ist sie wert als Korallen. Gebt ihr Anteil am Ertrag ihrer Hände, denn ihre Werke rühmen sie in den Stadttoren!" (Spr 31,10.31)

Wort in den Tag Starke Ahninnen sind ein Markenzeichen meiner Familie. Das geistige Erbe meiner Großmutter durchzieht mein ganzes Leben. Sie war eine ehrgeizige Frau. Zu ihrer Zeit konnte sie diese Stärke als Macht in Haus und Familie am besten zum Ausdruck bringen. So war es für sie auch selbstverständlich, dass sie auf ihren Beruf verzichtete, als sie meinen Großvater heiratete.
In der nächsten Generation wurde das anders. Und so kam es, dass zwei sehr unterschiedliche „Mütter" zu Vorbildern für mich wurden: Sowohl meine Mutter als auch meine Tante gaben zwar auch ihren Beruf auf, als die Kinder kamen. Doch meine Tante konnte sich damit nicht zufrieden geben. Als ihre beiden Söhne in die Pubertät kamen, holte sie das Abitur nach, studierte, promovierte und wurde als 50-Jährige auf eine Professur berufen. Aus verschiedenen Gründen forderten die Umstände von meiner Mutter, dass sie sich in den Dienst ihres freiberuflichen Mannes und ihrer Kinder stellte und ihre Berufstätigkeit nie wieder aufnahm. „Wenn du klug bist, machst du den Doktor", beschwor sie mich häufig. „Dann muss man dir erst mal zeigen, dass du nichts kannst. Für eine Frau ist das besonders wichtig." Ich verstand schon damals: Mit häuslicher Fürsorge punktet man in dieser Welt nicht. Erst recht nicht in der Welt des Berufes und der Karriere. An meiner Tante sah ich zugleich: Wenn die starken Kräfte mütterlichen Sorgens für die Zukunft des Lebens zur Geltung kommen sollten, geht das nur über ein öffentliches Amt oder eine berufliche Karriere.
Also hielt ich meine mütterliche Seite lange Jahre im Verborgenen. Ich machte meinen Doktor, bekleidete öffentliche und angesehene Ämter. Eigentlich hätte ich mir Kinder gewünscht.

Aber ich erfuhr immer wieder: Ein Mann, mit dem ich mich auf Augenhöhe hätte verständigen können und der zugleich bereit gewesen wäre, einen Teil der familiäre Fürsorge zu übernehmen, damit wir beide Beruf und Familie hätten vereinbaren können, ließ sich nicht finden.
Beim Besuch aus Anlass des Geburtstags eines 80-jährigen Gemeindemitgliedes kam ich ins Gespräch mit einem seiner Geschäftskollegen. Schon nach wenigen Minuten des Gespräches sagte dieser zu mir: „Sie sind eine kluge und kompetente Frau. Aber Sie neigen dazu, andere mit Ihrer Kraft zu erschrecken. Sie wollen doch, dass die anderen mit Ihnen ins selbe Boot steigen? Dazu müssen Sie Ihre mütterliche Seite mehr entwickeln."
Zu diesem Zeitpunkt befand ich mich gerade in einer heftigen Auseinandersetzung mit einem Kollegen. Die Bemerkung meines Gesprächspartners verblüffte und überraschte mich. Nicht nur wegen ihrer unerwarteten Direktheit. Ich spürte intuitiv, dass die Diagnose dieses Mannes den Kern des Problems traf: Mein Kollege war vor meiner Stärke zurückgeschreckt. Zugleich fühlte er sich unterlegen. Er reagierte darauf, wie viele Männer reagieren, wenn sie sich in die Ecke gedrängt fühlen: mit Aggression.
Kurze Zeit später lernte ich einen Mann kennen, der nach einer 20-jährigen gescheiterten Ehe vier Kinder in unsere Beziehung mitbrachte. Sie wurden zu Kindern meines Herzens, denen ich versuche, alle mütterliche Liebe weiterzugeben, die in mir steckt. Auch er, ein Mann „auf Augenhöhe", wie ich ihn mir wünschte, hat inzwischen verstanden, dass die geteilte Sorge und die faire Verteilung der damit verbundenen Lasten Männern und Frauen zur Ehre gereicht. Im Beruf und in der Familie suchen wir seitdem beide nach Wegen, „elterlich" Verantwortung für ein liebevolles Zusammenleben und die Zukunft nächster Generationen zu übernehmen.

Impuls Ein „unentdeckter Kontinent" ist die Bedeutung des Sorgens, Heilens und Pflegens im öffentlichen Leben unserer Gesellschaft. Es scheint mir wichtig, dass Frauen und Männer die gemeinsame Verantwortung für diesen Kontinent entdecken und in sich leben lassen.

22. Tag

Getragen

Wort der Schrift „Muss ich auch wandern in finsterer Schlucht, ich fürchte kein Unheil, denn du bist bei mir, dein Stock und dein Stab geben mir Zuversicht.“ (Ps 23,4)

Wort in den Tag An der Schultür unserer Grundschule hatten sich unsere Lebenswege gekreuzt. Ich sah sie frierend an der Treppe stehen. Sie schaute mich mit großen, fragenden Augen an. Ich lud sie ein, mich bei der Schulhofaufsicht während der großen Pause zu begleiten und ließ sie erzählen.
Es war ihre erste Nacht im Kinderheim gewesen, heute der erste Tag an ihrer neuen Schule. Sie war das einzige Kind ihrer Mutter gewesen, die wegen Biancas unehelicher Geburt ihr Elternhaus nicht mehr betreten durfte und später in die Alkoholabhängigkeit rutschte. Die wechselnden Partner der Mutter hatten auch vor dem Kind nicht halt gemacht. Dass es eines Nachts dem gewaltsamen Tod der Mutter tatenlos zusehen musste, hat das Mädchen schwer traumatisiert und ihr allen Halt genommen.
Weil das Mädchen immer noch so fror, nahm ich ihre kalte Hand und steckte unsere Hände zusammen in meine warme Manteltasche. Am Ende der großen Pause wusste ich ganz sicher, dass Bianca gut zu unseren eigenen drei Kindern passen würde.
Sie war dankbar für ihren Platz in einer Familie mit Vater, Mutter und Geschwistern. Als meine Schwester ihr ein Pferd schenkte, wurde das Reiten für sie zum „Himmel auf Erden“. Wenn sie, mit unserem Hund auf dem Schoß, auf dem großen Stein vor unserem Haus saß, war sie einfach glücklich.
Schleichend war er gekommen, der Lymphdrüsenkrebs, mit Müdigkeit und unerträglichem Hautjucken. Die Ärzte schoben ihre Erkrankung und ihre Magersucht auf die Psyche, bis es, zu spät erkannt, keine Heilung mehr gab. „Mama, wo ist Gott für mich? Früher wurde ich nur geprügelt, jetzt prügelt mich meine Krankheit. Warum? Warum ich?“ fragte sie uns. Wir suchten verzweifelt mit ihr nach Antworten, während die Chemotherapien liefen und die Nebenwirkungen der Bestrahlungen sicht-

barer wurden. Sie musste so vieles lassen, was ihr in den neun Jahren bei uns ans Herz gewachsen war.
„Mama, ich muss an die Beatmungsmaschine!“ weinte sie ins Telefon. Und um ihre und auch meine Angst zu bewältigen, fiel mir nur noch ein: „Bianca, du fällst nicht tiefer als in Gottes Hände!“ Es war unser letztes Gespräch. Als die ersten vereinzelten Raketen am Silvestermittag gen Himmel schossen, versagte ihr 19-jähriges Herz. Bis zuletzt hatten wir miteinander gehofft, und nun der Tod?
Mit dem Abschluss des Jahres war nicht nur Biancas irdische Zeit zu Ende gegangen. Wenige Wochen später musste ihr geliebtes Pferd eingeschläfert werden. Auch unser Hund kam kurz darauf auf ungewöhnliche Weise zu Tode. Der große Stein aus unserem Vorgarten ist Biancas Grabstein geworden.
Während eines Trauerseminars konnte ich im Gespräch mit anderen Trauernden erkennen, dass unser Leben mit Bianca und ihr Sterben uns als Aufgabe und Chance zugewiesen worden waren. Diese Spanne gemeinsamen Lebens und ihr Tod haben unsere ganze Familie geprägt und verändert und für vieles Mittragen während der schweren Zeit sind wir bis heute dankbar. Mit der Geburt der Enkelkinder Leonard und Rebekka im Jahr nach Biancas Tod ist uns der lange Weg aus dem Trauertief erleichtert worden.

Impuls Eine Antwort auf die drängende Frage Biancas nach dem „Warum?“ haben wir nicht gefunden. Bianca bekam von meinem Bruder eine Spruchkarte auf die Intensivstation geschickt mit der Legende von den „Spuren im Sand“. Der Inhalt dieser Zeilen hat Bianca bis in den Tod und uns ein Stück weit wieder ins Leben getragen:

Ich träumte eines Nachts, ich ging am Meer entlang mit meinem Herrn. Und es entstand vor meinen Augen, Streiflichtern gleich, mein Leben. Nachdem das letzte Bild an uns vorbeigeglitten war, sah ich zurück und stellte fest, dass in den schwersten Zeiten meines Lebens nur eine Spur zu sehen war. Das verwirrte mich sehr, und ich wandte mich an den Herrn: „Als ich dir damals alles, was ich hatte, übergab, um dir zu folgen, da sagtest du, du würdest immer bei mir sein. Warum hast du mich verlassen, als ich dich so verzweifelt brauchte?“ Der Herr nahm meine Hand: „Geliebtes Kind, nie ließ ich dich allein, schon gar nicht in Zeiten der Angst und Not. Wo du nur ein Paar Spuren in dem Sand erkennst, sei ganz gewiss: ICH HABE DICH GETRAGEN!“

Biblische Weggeschichten

4. Fastenwoche

23. Tag

Die Erfahrung der Wegbegleitung

Wort der Schrift „Ich werde einen Engel schicken, der dir vorausgeht. Er soll dich auf dem Weg schützen und dich an den Ort bringen, den ich bestimmt habe." (Ex 23,20)

Wort in den Tag Mein Vater hatte ihn ins Gespräch gebracht. „Ich habe mit ihm gesprochen, du sollst ihn mal anrufen", sagte er mir. Ich wäre nicht darauf gekommen, mich an ihn zu wenden. Erst recht nicht in dieser Situation. Was sollte er mir in dieser aussichtslosen Lage schon helfen können? Und dann wider Erwarten die Erfahrung: da hört einer zu, da macht einer mein Problem zu seinem, da redet einer nicht nur, sondern handelt. Ich werde jenen Nachmittag nicht vergessen, wo ich ihm in seinem Büro gegenübersaß, mein Problem schilderte und ganz sicher wusste: Jetzt wird alles gut! Der lässt dich nicht im Stich.
Es gibt solche Menschen, die plötzlich wie aus dem Nichts auftauchen, ein ganz entscheidendes Stück des Weges mitgehen und wirkliche Hilfe leisten. Ich habe keine Scheu, sie „Engel" zu nennen. Da ist die Ärztin, die sich so lange kundig macht, bis sie in einem speziellen Fall die neue und hilfreiche Behandlungsmethode herausgefunden hat. Da ist der Lehrer, der das Problem seiner Schülerin ernst nimmt und sich mit den Eltern zusammensetzt. Da ist der Lokalpolitiker, der nicht eher ruht, bis er eine Lösung in einem schwierigen sozialen Problem gefunden hat. Manchmal ist es ja gerade überraschend, dass diese Helfer in dem Moment da sind, wo ein ungeahntes Problem auftritt. Die Gründerin der Schwestern von der Ewigen Anbetung in Olpe, Mutter Maria Theresia Bonzel, hat einmal gesagt: „Schickt der Herr ein Kreuz, dann kommt er mit und hilft es tragen." Für einen Anfänger im Glauben ist das ein vielleicht zu optimistischer Satz. Aber vielleicht lässt sich zumindest sagen, dass ich darauf vertrauen kann, dass auf schwierigen Wegen Gott Wegbegleiter an meine Seite stellt, die mich schützen und an den Ort bringen, der mir bestimmt ist.

Kaum zu glauben, dass ich nicht allein durch alle Nöte und Gefahren gehen muss. Die biblischen Weggeschichten sind voll von dieser Erfahrung: Menschen können darauf vertrauen, dass jemand mit ihnen unterwegs ist. Und selbst wenn sich einer mutterseelenallein vorkommen mag, dann kann er doch gewiss sein, dass Gott ihn – oftmals ohne dass er es merkt – begleitet. Viel hängt davon ab, ob ich bereit bin, an diese Begleitung zu glauben und darauf zu vertrauen. Auch wenn es keinen Beweis dafür gibt, dass uns Gott auf unserem Lebensweg durch seine Gegenwart und die Gegenwart seiner Engel schützt und selbst über die Schwelle des Todes hinaus geleitet, so ist doch unabweisbar, dass Menschen, die ganz fest darauf vertrauen und daran glauben, gelassener und getroster ihren Weg gehen. Es ist also buchstäblich gesund, sich vorzustellen, dass wir nicht alles allein bewältigen müssen, sondern dass wir an unseren Weggefährten abgeben dürfen.

Impuls Überlegen Sie sich, wo jemand in einer schweren Phase Ihres Lebens für Sie hilfreich und begleitend war. Machen Sie sich klar, was Ihnen damals besonders geholfen hat und worin genau die Unterstützung bestand, die Sie damals erfahren haben. Vielleicht können Sie das, was Sie damals erfahren haben, an andere in einer ähnlichen Situation weitergeben. Wenn Sie den Kontakt zu diesem „Engel“ von damals verloren haben, schreiben Sie ihm doch nach all dieser Zeit noch einmal einen Brief oder rufen ihn an und danken ihm noch einmal (oder vielleicht zum ersten Mal?) für das, was er damals (vielleicht ohne es zu wissen) für Sie getan hat.

24. Tag
Die Gefahr des Unterwegsseins

Wort der Schrift „Unterwegs am Rastplatz trat der Herr dem Mose entgegen und wollte ihn töten.“ (Ex 4,24)

Wort in den Tag Die Nachricht erschütterte die ganze sauerländische Kleinstadt, aus der das verunglückte Ehepaar kam. In einer Baustelle war aus ungeklärter Ursache ein Fahrzeug von der gegenüberliegenden Spur auf ihre Fahrbahn geschleudert worden und hatte ihren Wagen regelrecht zerdrückt. Beide waren sofort tot. Mitten auf dem Weg nach Hause ausgelöscht. Es hätte auch irgendeinen früheren oder späteren Verkehrsteilnehmer treffen können. Warum gerade diese beiden, fragten die zurückbleibenden Kinder, fragte der erschütterte Ort. Eine Frage, die unbeantwortet bleiben wird.
Wer unterwegs ist, liefert sich der Gefahr aus. Alles ist möglich: Flugzeuge können abstürzen, Fähren sinken, Züge entgleisen, Autos verunglücken. Wer unterwegs ist, kann unter die Räuber fallen, zur Geisel werden oder erkranken. Wer von einem Weg mit Gott oder zu Gott redet, der kann nicht zwingend davon ausgehen, dass er sich auf eine idyllische und frohe Wanderung macht. Wie jeder Weg birgt auch dieser Gefahren, bei denen ich auf der Strecke bleiben kann. Das Alte Testament ist voll von solchen „Weggeschichten“, die zugleich „Warngeschichten“ sein wollen. Wer sich auf den Weg zu Gott macht oder sich mit Gott auf den Weg macht, begibt sich in Lebensgefahr. Unmittelbar nach der Berufung des Mose am Dornbusch (Ex 3) tritt Jahwe dem Mose mit der Absicht entgegen, ihn zu töten. Niemand kann diesen Gefühlswandel Gottes erklären. Auch der biblische Autor nicht. Aber was doch deutlich wird, ist, dass Gott in seiner Unberechenbarkeit ernst genommen sein will. Sosehr wir heute oft wie selbstverständlich davon ausgehen, als Reisende zu Lande, zu Wasser und in der Luft gut und sicher anzukommen, so unhinterfragt ist die Vorstellung, dass Gott immer nur das Beste für uns will, uns liebt und erhält, wie es uns selber gefällt. Dass dieser Gott ein fordernder und herausfordernder Gott

sein kann, dass er zornig werden und uns in die Irre gehen lassen kann – von diesen Vorstellungen haben wir unser abendländisches Gottesbild gereinigt. Gott sei Dank, sagen die einen, die noch mit der Muttermilch einen zürnenden und strafenden Gott eingeflößt bekommen haben. Bedenklich, meinen andere, die den Verlust einer wichtigen Dimension Gottes befürchten und der Meinung sind, dass Gott Gott bleiben müsse und nicht zu einem Selbstbestätigungsapparat degradiert werden dürfe. Wie auch immer: Das alttestamentliche Bundesvolk hat die Erfahrung gemacht, dass Gottes Zusage verlässlich ist und trägt, dass derselbe Gott aber auch Stimmungsschwankungen unterworfen sein kann, unberechenbar und trotzig, versöhnungsbereit und zärtlich sein kann. Ein Gott – so wechselhaft wie die Wege, die Israel zurückgelegt hat.
Sicher ist es schmerzlich, sich für seinen Glauben bewusst zu machen, dass der Weg mit und zu Gott nicht mit einem sicheren Lebensgefühl wie in Abrahams Schoß gleichzusetzen ist. Aber wenn Gott ein Abenteuer ist, wie kann man dann erwarten, es in einem bequemen Sessel, mit Pantoffeln an den Füßen und einer warmen Decke erleben zu wollen?

Impuls Lassen Sie sich etwas Zeit und notieren Sie wichtige Stationen Ihres Lebens auf einem Blatt Papier. Denken Sie nicht nur an „Hochzeiten" Ihres Lebens, sondern nehmen Sie auch ganz bewusst die schweren Tage mit hinein. Können Sie erkennen, welche Rolle Gott zu diesen Zeiten für Sie gespielt hat? An welchen Stellen hat er Sie überrascht, bedroht, überwältigt? Wenn Sie keine Antwort finden, nehmen Sie doch diese Fragen eine Zeit lang mit in Ihr Gebet.

25. Tag
Das Risiko der Orientierungslosigkeit

Wort der Schrift „Ich werde mich genau an den Weg halten, ohne ihn rechts oder links zu verlassen." (Dtn 2,27)

Wort in den Tag Als Kind hat mich Otfried Preußlers „Die Abenteuer des starken Wanja" gefesselt. Darin geht es um einen russischen Bauernsohn, der die Verheißung bekommt, Zar in einem fernen Land hinter den weißen Bergen zu werden. Zuvor muss er jedoch sieben Jahre ohne zu sprechen und nur mit sieben Säcken Sonnenblumenkernen als Nahrung auf dem Ofen verbringen, bis er genug Kraft gesammelt hat, um das Dach mit bloßen Händen über das Haus emporzuheben. Als ihm das gelingt, bricht er auf, um das Land hinter den weißen Bergen zu finden. Doch in welche Richtung soll er gehen? Den Weg weist ihm eine Silbermünze, die ihm seine Mutter auf dem Sterbebett gegeben hat. Zeigt die Münze den Adler, wendet er sich nach links, zeigt sie die Zahl, geht Wanja nach rechts. Stur und unabgelenkt bleibt Wanja den Wegentscheidungen seiner Münze treu. Sie entscheidet, wo es langgeht. Selbst als die stolze Stadt Kiew lockt oder als er im Schnee seine Münze an einer Wegkreuzung verliert; lieber wartet er, bis der Schnee geschmolzen ist und er sehen kann, wie seine Münze entschieden hat, als einmal eigenmächtig zu entscheiden. So führt ihn der Silberdreier seiner Mutter in das Land, in dem Wanja Zar werden soll. Was viele Menschen heute beklagen, ist eine wachsende Orientierungslosigkeit. Das Lied bringt es auf den Punkt: „Wohin sollen wir gehen, sag uns wohin? So viele Wege: welcher ist richtig?" Menschen, die sich heute zu einem Ziel auf den Weg machen, entdecken vielleicht schon morgen ein attraktiveres Ziel, oder sie stehen von Anfang an in der schweren Entscheidung, welchen Weg sie überhaupt gehen möchten unter den vielen möglichen. Die Werbung für eine Computersoftware fragt ganz provokant „Where do you want to go today?", also wohin der angesprochene Benutzer denn heute gehen möchte. Was aber lenkt meine Schritte in dieser unüberschaubaren Viel-

falt der Wege? Was ist mein Navigationssystem, das mir sagt, wo es heute, morgen und darüber hinaus für mich langgeht?
In früheren Zeiten haben Menschen ihre Wege Gott anvertraut. „Befiehl Du meine Wege!“, haben sie gebetet. Heute fällt es schwer, seine Wege aus der Hand zu geben. Selbstbestimmt, wie ich bin, möchte ich nicht von einem anderen gegürtet und geführt werden, wohin ich nicht will. Ich möchte selber entscheiden, wo der Weg hingeht, selbst, wenn ich dabei riskiere, mich zu verlaufen. Gerade an den großen Weggabelungen meines Lebens aber möchte ich darauf vertrauen können, dass ich auf dem rechten Weg bleibe. Das setzt voraus, dass ich daran glaube, dass Gott einen Weg für mich ausersehen hat, den es einzuhalten gilt. Oft scheinen Menschen das zu spüren, wenn sie von einem eingeschlagenen Weg umkehren und sagen: „Das ist nicht mein Weg!“ Wenn Gott mich wirklich auf einen Weg gestellt hat, der mir beschieden ist, dann wird echter Friede wohl nur dann in mein Herz kommen, wenn ich diesen Weg auch gehe.

Impuls Bleiben Sie während eines Spaziergangs ganz bewusst an einer Weggabelung stehen. Denken Sie an alle Scheidewege, an die Sie Ihr Lebensweg bisher geführt hat. Woran haben Sie sich bei Ihrer Wegentscheidung orientiert? Könnten Sie im Nachhinein sagen, dass Sie die richtigen Wege eingeschlagen haben? Glauben Sie daran, dass Gott Ihren Weg kennt und Sie darauf zu leiten versucht? Würde Sie das bedrücken oder Ihnen Sicherheit geben?

26. Tag

Die Spuren des Unterwegsseins

Wort der Schrift „Und hier, unsere Mäntel und unsere Schuhe, sie sind durch den weiten Weg ganz abgenützt." (Jos 9,13)

Wort in den Tag Ich fahre durch die Stadt. Von jeder Litfasssäule und jeder Busstation fällt mich eine Werbung für einen so genannten „Billigflug" an: Lissabon 29 Euro, Paris 19 Euro, Rom 26 Euro. Die Welt wird klein und erschwinglich, scheint es. Ziele, von denen meine Eltern noch träumen mussten, sind zum Discountpreis erreichbar. Wer will sich noch mit dem nahe liegenden Guten zufrieden geben, wenn er für ein paar Euro in die Ferne schweifen kann? Wir sind zu mobilen Menschen geworden. Wege scheinen leicht überwindbar zu sein. Erst wenn irgendetwas Unvorhergesehenes eintritt, wenn Wartezeiten eintreten und wir im Stau stehen, begreifen wir: Wege brauchen ihre Zeit. Manchmal, wenn ich für den kleinen Weg in die Stadt im morgendlichen Berufsverkehr beinahe eine Dreiviertelstunde brauche und mich ärgere, denke ich, dass es gut ist, auf diese Weise daran erinnert zu werden, dass Distanzen schwer zu überwinden sind.
Als Kind faszinierte mich immer der Mann aus der Zigaretten-Werbung, der nach einem langen Weg seine Füße hochlegte und auf diese Weise seine durchgelaufenen Schuhe in die Kamera hielt. Da war einer meilenweit gegangen für seinen Genuss, hatte die Mühe eines langen Weges auf sich genommen, um an sein Ziel zu gelangen. Lange Wege sind heute unattraktiv geworden. Und damit auch die Anstrengungen, die ein langer Weg mit sich bringt. Nein, es geht hier nicht darum, heutigen Menschen die Lust an der schnellen Fortbewegung und am Kurztripp in eine der Weltmetropolen zu nehmen, sondern nur darum, darauf aufmerksam zu machen, was uns verloren zu gehen droht, wenn wir Wege und ihre Mühen nicht mehr einzuschätzen vermögen. Der schnelle Weg von Stadt zu Stadt, die vermeintliche Verkürzung der Distanzen lässt nämlich den fata-

len Eindruck entstehen, dass auch der Weg zwischen zwei Menschen schnell und problemlos zu überwinden ist. Und ist er es nicht, wie schnell stellt sich dann die Haltung ein, dass dieses so schwer erreichbare Ziel unattraktiv ist.

Die Bibel ist voller Weggeschichten. Immer wieder geht es darum, große Distanzen zu überwinden, Schwierigkeiten zu bestehen, Gefahren zu bewältigen. So gesehen sprechen alle Weggeschichten der Bibel von der Bereitschaft, die Mühen der weiten Wege nicht zu scheuen. Eher sollen Mantel und Schuhe aufgerieben werden, als dass Wege nicht beschritten werden. Vielleicht kann man uns den Vorwurf machen, dass wir bequem geworden sind, was weite, zeitraubende Wege und was große Distanzen zum Mitmenschen angeht.

Am Ende von Gustav Mahlers zweiter Symphonie findet sich das bekannte „Urlicht" aus der Dichtung „Des Knaben Wunderhorn", in dem die Sopranistin singt: „Da kam ich auf einen breiten Weg:/ Da kam ein Engelein und wollt' mich abweisen./ Ach nein! Ich ließ mich nicht abweisen! Ich bin von Gott und will wieder zu Gott!" – Diese Kraft ist der Grundton aller biblischen Weggeschichten: „Ach nein! Ich ließ mich nicht abweisen!" Materialermüdung und Anstrengung hin oder her.

Impuls Nehmen Sie sich vor, einen anstrengenden Weg, eine große Distanz sehr bewusst zurückzulegen. Und fragen Sie sich dabei, welchen schwierigen Weg zu einem anderen Menschen Sie lange schon vermeiden.

27. Tag
Die Erfahrung des Verlaufens

Wort der Schrift „Doch ich lasse sie straucheln auf ihren Wegen, den altgewohnten Bahnen, sodass sie auf ungebahnten Pfaden gehen müssen." (Jer 18,15)

Wort in den Tag „Der hat seinen Weg gemacht", sagen wir, wenn jemand es weit gebracht hat, wenn jemand Karriere gemacht hat. Dabei machen wir letztlich alle unseren Weg, weil niemand anders uns abnehmen kann, ihn zu gehen. Dabei wissen wir auch: wie Wege verlaufen und welche Möglichkeiten ein Lebensweg bereithält, hängt nur zu einem geringen Teil von uns selber ab. Viele, die immer von einer gelungenen Partnerschaft und einer Familie geträumt hatten, müssen damit leben, dass ihre Ehe zerbrochen ist oder kinderlos blieb. Andere, die einmal dabei waren, eine glänzende Karriereleiter zu erklimmen, haben zu akzeptieren, dass ihre rosigen Perspektiven rabenschwarz geworden sind. Und wieder andere, die sorglos in den Tag hinein gegangen sind, müssen realisieren, dass ihre Gesundheit gefährdet und ihre Lebenserwartung eingeschränkt ist. Kein Mensch kann sich selber den Weg bereiten und dafür sorgen, dass sein Weg ans Ziel führt.
In vielen Weggeschichten der Bibel führt Gott sein Volk oder einen Menschen auf einem ganz bestimmten Weg. Gott erscheint in diesen Geschichten als der große Straßenmeister, der Wegbereiter und Wegbegleiter des Menschen. Doch es gibt auch diese Erfahrung: Gott lässt den Menschen straucheln, lässt ihn in die Irre gehen und an seinem eigenen Weg zweifeln. Zu Recht fragen Menschen: Kann das Gottes Wille sein? Will Gott, dass ich meinen Weg verliere, dass ich aus der Spur gerate und auf dem harten Pflaster der Welt liegen bleibe?
Wer strauchelt und fällt, wer altgewohnte Bahnen verlassen und neue Wege mit tastendem Schritt ausprobieren muss, verändert sich. Plötzlich rauscht der Lebensweg nicht mehr so rasant dahin, plötzlich geht der Lebensweg langsamer, wird das Ausschreiten schwieriger. Viele Menschen, die dieses Aus-der-

Bahn-geworfen-Werden erfahren mussten, sagen im Nachhinein oft, dass sie diese Erfahrung nicht missen möchten. Sie habe ihrem Leben eine andere Art von Tiefgang gegeben, habe sie nachsichtiger und warmherziger mit den Gestrauchelten dieser Welt gemacht und ihnen einen anderen Blick auf das Leben ermöglicht. Vielleicht stimmt es wirklich, dass nur die Gestrauchelten, die vom Saulus zum Paulus Gestürzten, ein Gespür für die Tiefenschichten des Lebens und für das, was wir „Sinn" nennen, haben.
Auf einer Postkarte, die ich unter einer Auswahl von Postkarten mit „flotten Sprüchen" fand, las ich den Satz: „Lieber auf holprigen Wegen stolpern als auf eingefahrenen Straßen dahinvegetieren." Ja, auch das gilt: der ewige gleiche Trott auf der ewig gleichen Straße kann ermüdend bis zum Tode sein. Und so seltsam es klingen mag: der Zusammenbruch und das Straucheln können auch eine Erlösung sein. Endlich endet ein Weg, den ich allein nicht beenden konnte. Wer weiß, wie lange ich mich noch dahingeschleppt hätte?

Impuls Nehmen Sie sich für die nächste Woche vor, eine (Auto-)Biographie eines Menschen zu lesen, mit dem Sie auf den ersten Blick nichts verbindet. Verfolgen Sie seinen Weg, sein Straucheln und seine Neuorientierungen und versuchen Sie, Ähnlichkeiten zwischen seinen und Ihren Lebenswegen zu entdecken.

28. Tag

Die Notwendigkeit der Wegbereitung

Wort der Schrift „Bahnt für den Herrn einen Weg durch die Wüste!" (Jes 40,3)

Wort in den Tag „Wir machen den Weg frei ..." Ich komme ins Wohnzimmer, wo der Fernseher läuft, und schnappe den letzten Satz der Werbung auf, die mich nun schon seit Jahren mit unterschiedlichen Bildern von Wegen, die plötzlich geebnet werden, verfolgt. Ein Kreditinstitut macht mit diesem beinahe biblischen Motiv auf sich und seine Leistungen aufmerksam. Wenn es darum geht, Wege zu bahnen, spielen Kredite und Finanzmöglichkeiten eine wichtige Rolle. Meinte der Philosoph Ludwig Wittgenstein noch, dass die Grenze der Sprache eines Menschen zugleich die Grenze seiner Welt sei, so gilt heute, dass die Grenze meines Geldbeutels die Grenze meiner Welt ist.
Ja, Geld bahnt Wege, keine Frage. Aber vielleicht haben all diejenigen nicht ganz Unrecht, die darauf hinweisen, dass das Starren auf Geld und Kapital uns in eine ungeahnte Wüste hineinmanövriert hat, aus der wir keinen Ausweg mehr finden. Wenn nur noch die Unbarmherzigkeit des Kapitals regiert, wenn es nur noch darum geht, wie in der sozialen Wüste die wenigen Finanzoasen untereinander aufgeteilt oder ausgeplündert werden, dann leben wir (wieder) in Zeiten, von denen die biblischen Texte erzählen: Zeiten des Starrens auf das nackte Überleben in der Wüste, Zeiten des Durchboxens und Durchbeißens, Zeiten des Murrens und der Unzufriedenheit.
Das Buch Jesaja hat mit seinem Aufruf, einen Weg für den Herrn durch die Wüste zu bahnen, ein Motto für den Advent geliefert. Aber dieses Wort gilt zu allen Zeiten und trifft für jede Zeit zu, die eine Veränderung vorbereitet. Groß ist die Hoffnung dieses Aufrufs, dass die Wüste nicht unbezwingbar ist und zum Niemandsland wird, in dem Einzelschicksale versanden. Im Gegenteil! Dieses Wort des Propheten rechnet damit, dass ein Weg durch alle Aussichtslosigkeit, durch Erstarrung und lebensbedrohliche Eintönigkeit möglich ist. Hier gilt wirklich, dass der

Weg das Ziel ist, denn wo die Straße bereitet, der Weg gebahnt wird, da hat bereits schon der Siegeszug der Hoffnung begonnen. Wo der Weg durch die Wüste frei gemacht ist, da ist sie schon bezwungen.

Es geht also: Wo Wege gebahnt werden, hat die Weglosigkeit ein Ende. Diese Wahrheit ist so banal wie konsequent. Wie oft retten wir uns, indem wir sagen, dass dies oder jenes deswegen nicht geht. Die Angst vor der Wüste ist oft größer als jeder noch so kleine Versuch, eine Straße auch nur zu beginnen. Der Aufruf des Propheten aber duldet keinen Widerspruch: diese Straße für den Herrn zu bauen – das ist jetzt „dran", das duldet keinen Aufschub. Vielleicht ist das der Grundton aller biblischen Verkündigung: „Geht nicht gibt's nicht!" Davon erzählen alle Krankenheilungen, alle Totenerweckungen, alle Befreiungsgeschichten der Bibel. Die Frohe Botschaft heißt gerade deshalb so, weil sie sich nicht von der Depression der fehlenden Möglichkeiten einschüchtern lässt. Welche Straße kann ich in die Wüste meines Lebens hinein bauen? Ich habe alle Möglichkeiten.

Impuls Schreiben Sie fünf Dinge auf, die Ihnen völlig unmöglich scheinen. Lassen Sie sich Zeit und überprüfen Sie, was davon wirklich nicht in Ihrer Macht liegt und was vielleicht auf behutsame Weise doch von Ihnen bewältigt werden könnte. Wählen Sie eines dieser Dinge aus und beweisen Sie sich selbst, dass Sie nicht Sklave Ihrer Angst sind, bestimmte Situationen nicht verändern zu können. Bleiben Sie aber realistisch in Ihrer Einschätzung.

Die Pilgerreise des Menschen zu Gott

5. Fastenwoche

29. Tag

Die Pilgerreise des Menschen zu Gott

Wort der Schrift „Mein Herz denkt an dein Wort: ‚Sucht mein Angesicht!' Dein Angesicht, Herr, will ich suchen. Verbirg nicht dein Gesicht vor mir; weise deinen Knecht im Zorn nicht ab! Du wurdest meine Hilfe. Verstoß mich nicht, verlass mich nicht, du Gott meines Heiles!" (Ps 27,8-9)

Wort in den Tag Der heilige Bonaventura (1217-1274) gilt als einer der größten und bedeutendsten Theologen in der franziskanischen Geschichte. Er war Lehrer der Theologie an der Universität in Paris, wurde zum höchsten Oberen in der gerade einmal 50 Jahre alten franziskanischen Bewegung gewählt. Er schrieb verschiedenste Bücher, eine großartige Biographie des heiligen Franziskus – und in all dem war Bonaventura ein Mensch, der immer wieder die Nähe Gottes gesucht hat. Seine Theologie ist durch und durch eine betende Theologie, die auf seinen eigenen mystischen Erfahrungen beruht. Eine Zusammenfassung seiner Theologie sowie seiner mystischen Erfahrungen ist das „Itinerarium mentis in Deum": Der Pilgerweg des Menschen zu Gott. Er schrieb das Itinerarium 1259 auf dem Berg La Verna in der Toskana; ein Berg, auf den sich der heilige Franziskus sehr oft in Einsamkeit und Gebet, manchmal für Wochen, zurückzog. Dort erhielt Franziskus auch zwei Jahre vor seinem Tod 1224 die Stigmata, die Wundmale Jesu – eine Verdichtung und zugleich Veräußerlichung seiner intensiven Christuserfahrung. Bonaventura spricht von den Wundmalen gleich zu Beginn, indem er auf einen Seraph mit sechs Flügeln verweist, der Franziskus erschienen ist:

> „Als ich auf La Verna im Geist einige geistige Aufstiege zu Gott durchging, trat mir unterdessen jenes Wunder vor Augen, das eben an diesem Ort dem seligen Vater Franziskus geschah: die Vision des geflügelten Seraph nach dem Bild des Gekreuzigten … Das Bild der sechs Seraphflügel legt nahe, an sechs aufsteigende Erleuchtungen zu denken, die bei den Geschöpfen beginnen und bis zu Gott führen, zu

dem niemand recht eintritt außer durch den Gekreuzigten."[24]

Bonaventura macht sich auf den Weg, inmitten einer turbulenten Zeit, in der der junge Orden einige Zerreißproben erleben muss. Er will sich dem Evangelium an dem Ort stellen, der so bedeutsam für den heiligen Franziskus geworden ist. Bonaventura ist 42 Jahre alt und steht einer riesigen Bewegung vor, die sich um Armut und Nachfolge, um den rechten Weg franziskanischer Nachfolge streitet. So geht er auf den Berg La Verna, um zur Ruhe zu kommen und Wegweisung für sich und seine Brüder zu erhalten. Er entdeckt Gottes Spuren inmitten aller Turbulenzen des Lebens: in der Schöpfung, in den Brüdern, in sich selbst und in Christus, im göttlichen Wort, das Fleisch geworden ist. Er macht die Erfahrung, dass die Welt voll von Gott ist, dass Gott sich finden lassen will und dass das Leben ein einziger Weg in Gott hinein ist; ein Pilgerweg mit allen Sinnen, nicht nur mit dem Verstand, nicht nur mit dem Gefühl, nicht nur in Frömmigkeit.

Sein Itinerarium ist eine wunderschöne Beschreibung der Gottsuche des Menschen, eine Beschreibung einer Suche, in welcher sich der Gesuchte finden lässt und Begegnung schenkt. Bonaventura beschreibt diese Suche als einen siebenstufigen Weg. Die Verwirklichung des Zieles dieses Weges, die siebte Stufe, liegt nicht in den Händen des Suchenden. Die Gottesvereinigung ist Geschenk, die der Suchende ersehnen muss, aber nicht machen kann. Warten und Hoffen, Sehnen und Ausschauen, das sind die Haltungen einer Pilgerreise zu Gott. Liebende Aufmerksamkeit allem und jedem gegenüber ist der Weg der Gottsuche. Und es ist eine Pilgerreise, die nicht zu Fuß, sondern mit allen Sinnen, mit dem Geist unternommen wird. Das Ziel ist Gott, der im Menschen wohnen will.

Impuls Kann ich, so wie ich bin, Gott eine Wohnung bereiten? Kann ich es zulassen, dass er in meinem Leben, in mir Wohnung nimmt? Wie bereite ich mich für ihn?

30. Tag
Ohne Sehnsucht geht es nicht

Wort der Schrift „Gott, du mein Gott, dich suche ich, meine Seele dürstet nach dir. Nach dir schmachtet mein Leib wie dürres, lechzendes Land ohne Wasser. Darum halte ich Ausschau nach dir im Heiligtum, um deine Macht und Herrlichkeit zu sehen. Denn deine Huld ist besser als das Leben; darum preisen dich meine Lippen." (Ps 63,2-4)

Wort in den Tag

> „Keiner ist nämlich auch nur irgendwie disponiert für eine von Gott geschenkte Beschauung, die zur Entrückung des Geistes führt, wenn er nicht wie Daniel ‚ein Mann der Sehnsucht' ist."[25]

Ein Mann, eine Frau der Sehnsucht sein, das, so schreibt Bonaventura, ist die Grundvoraussetzung, um Gottes Spuren zu erkennen und ihn erfahren zu können. Nur wer ein Mensch der Sehnsucht ist, kann von Gott die Gnade geschenkt bekommen, ihn schauen zu dürfen. Es ist die erste und die letzte, es ist die eine notwendige Voraussetzung.

Bonaventura beschreibt in seinen sieben Stufen des Pilgerweges einen Weg der Sehnsucht. Eine brennende Sehnsucht leitet den Menschen dazu, sich auf die Suche nach Gott zu machen. Eine brennende Sehnsucht gibt sich nicht mit den einzelnen Erfahrungen und Schritten zufrieden, sie geht weiter. Sie gibt sich nicht damit zufrieden, Gottes Spuren in der Schöpfung gefunden zu haben; sie gibt sich nicht damit zufrieden, Gott im Menschen, in sich selbst zu spüren und seine Gegenwart wahrzunehmen; diese Sehnsucht gibt sich nicht damit zufrieden, Jesus Christus zu betrachten, im Wort der Schrift, vor allem im Kreuz die Liebe und die Gegenwart Gottes zu erkennen. Die brennende Gottessehnsucht will mehr, sie will alles. Sie will sich so bereiten, dass Gott sich finden lässt, dass er auf der letzten Stufe die Betrachtung und die reine Erfahrung, ja die Vereinigung mit ihm schenkt. Doch genau diesen letzten Wunsch kann sich die Sehnsucht nicht erfüllen, sie muss ihn sich schenken lassen.

Brennend, ersehnend, hoffend und ausschauend muss der Mensch warten und sich beschenken lassen von einem Gott, der im Menschen mit brennender Sehnsucht wohnen will. Bonaventura spricht von einem Weg, auf dem noch so große intellektuelle Erkenntnisse, noch so tiefe Sinneserlebnisse oder Erfahrungen geschehen können. Sie alle jedoch führen nicht zu der einen tiefen Vereinigung mit Gott, wenn sie nicht von der Sehnsucht, der brennenden Sehnsucht gespeist werden.
Diese Sehnsucht bringt sich für Bonaventura dann vor allem im lauten Rufen des Gebetes und in der Hinwendung zum Licht der Betrachtung zum Ausdruck.

> „So lade ich den Leser zuerst zum Seufzen des Gebetes ein, eines Gebetes durch Christus den Gekreuzigten, durch dessen Blut wir gereinigt werden vom Schmutz der Laster.“[26]

Sich einlassen auf das Seufzen des sehnsuchtsvollen Gebetes bedeutet dann auch, sich reinigen lassen wollen und gereinigt werden. Bonaventura ist damit ganz der alten Lehre der drei Schritte des geistlichen Weges verpflichtet: Reinigung, Erleuchtung und Vereinigung mit Gott. Nur wenn der Einzelne sich wieder zu Christus hinwendet, kann er auf dem Weg voranschreiten. Die brennende Sehnsucht in Verbindung mit Christus weist den Weg. Er ist die neue Tür, die erneuerte Leiter und die Liebe, die den Weg weist. Er schenkt dem Menschen, wenn dieser sich zu ihm wendet, das Vermögen, mit allen Sinnen sich auf die Spuren Gottes in der Welt hin auszurichten. Die erlösende Liebe des Gekreuzigten gibt die Kraft, den Weg der Betrachtung weiterzugehen. Gleichzeitig ist die Hinwendung zu Christus ein Akt der Reinigung. So wie Franziskus auf dem Berg La Verna durch Christus gezeichnet wurde und ihm gleichförmig geworden ist, so schreitet der Mensch auf dem geistlichen Weg voran, wenn er durch die Tür Christus schreitet. Durch die erlösende Liebe des Gekreuzigten hat die Sehnsucht eine Richtung und kann in allem, was lebt, Gottes Spuren entdecken und betrachten.

Impuls Ich nehme mir einige Minuten Zeit und versuche aufzuschreiben, wonach ich mich im Leben schon gesehnt habe, welche Sehnsüchte in meinem Leben erfüllt worden sind, welche ich aufgegeben habe. Wo geht meine Sehnsucht hin?

31. Tag
Der Weg ist ein Aufstieg

Wort der Schrift „Die Glaubensgerechtigkeit aber spricht: Sag nicht in deinem Herzen: Wer wird in den Himmel hinaufsteigen? Das hieße: Christus herabholen. Oder: Wer wird in den Abgrund hinabsteigen? Das hieße: Christus von den Toten heraufführen. Was also sagt sie? Das Wort ist dir nahe, es ist in deinem Mund und in deinem Herzen. Gemeint ist das Wort des Glaubens." (Röm 10,6-8)

Wort in den Tag

„Führe mich, Herr, auf deinem Weg,
und ich werde eintreten in deine Wahrheit,
mein Herz soll sich freuen,
damit es deinen Namen fürchtet.
Indem wir dieses Gebet sprechen, empfangen wir Licht zur
Erkenntnis der Stufen des Aufstiegs zu Gott."[27]

„Führe mich, Herr, auf deinem Weg." Ohne das Gebet ist der Pilgerweg in Gott hinein für Bonaventura nicht zu gehen. Gleich zu Beginn gibt er mit diesen den Psalmen des Alten Testaments (Ps 86,11) entnommenen Versen das Gerüst und die Leitlinien für den Pilgerweg an. Gott ist es, der führt. Und es geht darum, in die göttliche Wahrheit einzutreten, um tiefe Herzensfreude zu erfahren. Es ist also ein Weg der Freude in aller Mühsal. Es ist ein Weg, der zu einer tiefen Herzensfreude und der Ehrfurcht Gott gegenüber führt. Es ist eine Reise, die sich anzutreten lohnt. Das lateinische Wort Itinerarium bedeutet so viel wie Reise oder auch Reiseplan. Im religiösen Bereich kann es auch für Wallfahrt stehen. Im christlichen Bereich stand Itinerarium vor allem für die Wallfahrt nach Jerusalem: für viele Menschen des Mittelalters ein großes Ziel, das sie nie erreichen würden. Bonaventura greift auf diesen Begriff des Itinerariums zurück und schmückt seine Darstellung der Pilgerreise mit vielen Bildern aus dem Bereich des Reisens. Er spricht vom Weg, vom Hineingehen und Hinausgehen, von der Leiter oder der Tür. Dadurch wird sein Itinerarium sehr bildlich und gut nachvollziehbar, obgleich es immer noch zum Teil schwer verständliche philosophische und theologische Betrachtungen enthält. Doch das Bild des Weges ist das Leitmotiv, das ein jeder aufgrund des eigenen Lebensweges nachvollziehen kann. Jedoch ist der Weg, den Bonaventura beschreibt, kein Pilgerweg nach Jerusalem, vielmehr ein Weg in Gott hinein durch die Betrachtung all dessen, was lebt und ist. Für Bonaventura ist es vor allem das Bild des Aufstiegs bzw. der Leiter, das er immer wieder benutzt und entfaltet. Gott führt den Menschen, und indem der Mensch betet, kann er das Licht der Erkenntnis erlangen.

> „Unserem jetzigen heilsgeschichtlichen Stand entsprechend ist die Gesamtheit aller Dinge eine Leiter, um zu Gott aufzusteigen. Manche Dinge sind Spur, manche Bild, die einen sind körperlich, die anderen geistig, die einen zeitlich, die andern der Zeit überhoben, und darum auch: die einen außer uns, die andern in uns."[28]

Alle Dinge sind angeordnet wie eine Leiter, die der Mensch hinaufsteigen muss, um zu Gott zu kommen. So tritt der Mensch auf seinem Pilgerweg in Gott hinein von der Schöpfung und den Geschöpfen, die Spuren Gottes in sich tragen, in die eigene Welt, in das eigene Innere ein, um Gott zu finden, und auch das muss er überschreiten, um Gott eine Wohnung bereiten zu können.

Das Leben ist ein ständiges Auf und Ab, und immer wieder muss der Mensch sich neu auf den Weg zu sich selbst, zum anderen und zu Gott hin machen. Gott lässt sich finden. Gott findet den Menschen, und gleichzeitig entzieht er sich auch wieder. Er ist für Überraschungen gut, so wie das eigene Innere und die Entdeckung seiner selbst für jeden Menschen immer wieder Überraschungen in sich bergen. Neues, manchmal Wunderbares, manchmal aber auch Abgründiges tut sich auf. Bonaventura beschreibt dieses Finden Gottes, und damit auch seiner selbst, mit dem Bild des Aufstieges. Schritt für Schritt, Stufe für Stufe auf der Leiter geht es voran. Oftmals kann es einen Rückschritt geben oder ein längeres Verweilen auf der einen oder anderen Stufe. Nie hat der Mensch den Weg und das Ziel im Griff. Doch der Weg lohnt sich. Der Weg ist ein Weg, der in die Freude und in die Erkenntnis führt. Der Weg ist ein Weg, der den Menschen zu sich selbst, zur Schöpfung und schließlich zu Gott führt.

Impuls Ich nehme mir Zeit und betrachte meinen bisherigen Lebensweg. Wo habe ich Gott erfahren oder zumindest seine Spuren entdeckt? Wie sehen die verschiedenen Stufen der Leiter meines Lebensweges aus?
Wo stehe ich jetzt?
Gehe ich mit Freuden meinen Lebensweg?

32. Tag

Der Weg geht nur über die Schönheit der Schöpfung

Wort der Schrift „Jesus blieb stehen, rief sie zu sich und sagte: Was soll ich euch tun? Sie antworteten: Herr, wir möchten, dass unsere Augen geöffnet werden. Da hatte Jesus Mitleid mit ihnen und berührte ihre Augen. Im gleichen Augenblick konnten sie wieder sehen, und sie folgten ihm.“ (Mt 20,32-34)

Wort in den Tag Bonaventura betont in all seinen Schriften, auch im Itinerarium, immer wieder die Schönheit der Schöpfung. Diese Schönheit ist in allem, was lebt, zugrunde gelegt, weil alles von Gott geschaffen ist. Alles verdankt Gott seinen Grund und Halt, seine Würde und Schönheit.

> „Denn die Geschöpfe dieser sichtbaren Welt bezeichnen das Unsichtbare Gottes. Ein Grund dafür liegt darin, dass Gott Ursprung, Exemplarursache und Ziel alles Geschaffenen ist, und jede Wirkung ein Zeichen für ihre Ursache ist, das Abgebildete für das Urbild, der Weg für das Ziel, zu dem er führt.“[29]

Gleichzeitig ist aber alles auch wunderbar in Ordnung und Harmonie geschaffen, so dass für Bonaventura die Schöpfung nicht einfach nur eine Bühne für menschliche Aktivitäten oder eine Kulisse für menschliche Bedürfnisse und Sehnsüchte darstellt. Die gesamte Schöpfung hat eine innere Ordnung, eine Bedeutung und einen Sinn. Sie kommt von Gott, sie spiegelt die Herrlichkeit Gottes wider, und sie kehrt zu Gott zurück. Sie ist eine wunderschöne und faszinierende kosmische Symphonie. Deshalb ist sie schön, und deshalb verdient sie Würde, Respekt und Ehrfurcht. Hier findet der Mensch Gottes Spuren und Gottes Schönheit. Die Schöpfung hat für Bonaventura teil am Geschehen zwischen dem Sohn und dem Vater. Sie ist der liebende Ausfluss eines liebenden Gottes, dessen unbegrenzte Güte und Liebe sich in der Schöpfung finden und erfahren, beobachten und wahrnehmen lassen. Die Schöpfung ist sakramental.

> „Wer angesichts eines solchen Glanzes der geschaffenen Dinge nicht erleuchtet wird, der ist blind. Wer bei solch lautem Rufen nicht erwacht, der ist taub. Wer aus all diesen Wirkungen keinen Anlass nimmt, Gott zu loben, ist stumm! Wem trotz derart deutlicher Zeichen der Erste Ursprung nicht in den Sinn kommt, der ist stumpfsinnig! Öffne also dein Auge.“[30]

Alles steht miteinander in Beziehung, so wie Gott Beziehung ist. Alles spiegelt die Macht, Weisheit und Güte der Dreieinigkeit. Der Mensch ist Teil der Schöpfung, Teil der Harmonie und Ordnung der Schöpfung. Als Abbild Gottes ist er verantwortlich für sie, schuldet ihr Liebe und Ehrfurcht. Die Welt ist Gottes voll. Aufmerksamkeit ist ein Stichwort, das sich zwangsläufig aus einer solchen Welt- und Schöpfungsperspektive heraus ergibt: aufmerksam sein für die Spuren Gottes in der Schöpfung, für sein Bild im Menschen, aber auch für die Verletzung der Schöpfung, für die Ausbeutung und Degradierung dessen, was lebt. Alles, was ist, lebt aus der Liebe Gottes heraus. Alles, was ist, muss der Mensch mit eben jenen Augen der Liebe betrachten. „Öffne also dein Auge“, das ist das Gebot der Stunde. Die Betrachtung der Schöpfung und des Menschen in den verschiedenen Stufen der Leiter, die Bonaventura auf seinem Pilgerweg angibt, müssen in die Verantwortung, in die Liebe, in die Tat führen. Die Lebenshaltung muss der Betrachtung entsprechen. Eine Betrachtung der Liebe Gottes in der Schöpfung und im Menschen ohne Beachtung der Wunden, die der Mensch geschlagen hat, ohne das Hören des Hilferufes der misshandelten Kreaturen Gottes kann keine Betrachtung der Liebe Gottes sein. Sie ist Schein, sie ist ohne Sehnsucht, denn die brennende Sehnsucht auf dem Pilgerweg zu Gott ist eine Sehnsucht, die den Wanderer zur Schöpfung, zum anderen und zu sich selbst führt. Die sehnsuchtsvolle Liebe will heilen, was verwundet ist. Die sehnsuchtsvolle Liebe geht zu denen, die verwundet sind, die sich selbst nicht mehr helfen können, die am Abgrund stehen. Die sehnsuchtsvolle Liebe schaut auch das im eigenen Inneren an, was geheilt werden will.

Impuls Ich gehe in den Garten oder in einen Park. Ich schaue mir in Aufmerksamkeit all das an, was mir begegnet. Alles Geschaffene ist von Gott geschaffen und ist mir Bruder und Schwester.
Wie lebe ich meine Verantwortung für die Schöpfung? Wo sehe ich Gott? Wo benötigt der andere meine Hilfe?
Wo benötige ich die Hilfe des anderen?

33. Tag
Der Weg zu Gott führt über das Innere zu Christus

Wort der Schrift „Er rief die Volksmenge und seine Jünger zu sich und sagte: Wer mein Jünger sein will, der verleugne sich selbst, nehme sein Kreuz auf sich und folge mir nach. Denn wer sein Leben retten will, wird es verlieren; wer aber sein Leben um meinetwillen und um des Evangeliums willen verliert, wird es retten. Was nützt es einem Menschen, wenn er die ganze Welt gewinnt, dabei aber sein Leben einbüßt?" (Mk 8,34-36)

Wort in den Tag

> „Und unser Erlöser bekräftigt, dass das ganze Gesetz und die Propheten an den beiden Geboten der caritas hängen: nämlich der Gottesliebe und der Nächstenliebe. Diese beiden werden uns auch vor Augen geführt in dem einen Bräutigam der Kirche. Jesus Christus, der in einer Person unser Nächster und Gott, Bruder und Herr, König und Freund, das ungeschaffene und das fleischgewordene Wort, unser Bildner und unser Neubildner, und somit Alpha und Omega ist."[31]

Nicht umsonst hat sich Bonaventura als junger Student entschieden, in den Orden des heiligen Franziskus einzutreten. Angetan von der Entscheidung seines Professors Alexander von Hales in Paris, der 1236 dem Orden beitrat, vor allem aber durch die radikale Christusnachfolge des kleinen Mannes aus Assisi, macht Bonaventura sich auf den Weg, arm dem armen und gekreuzigten Christus zu folgen. Leidenschaftlich setzt er sich für das Evangelium ein, indem er doziert, schreibt und schließlich ab 1257 dem Orden als Generalminister dient. Dabei erlebt er viele Rückschläge, Machtkämpfe an der Universität in Paris, Streitigkeiten im Orden, und als Oberer wird er immer wieder in diese Streitigkeiten hineingezogen. Das scheint ihn mürbe zu machen, und er entscheidet sich, auf den Berg La Verna zu gehen. Er wirft nicht alles hin, er verzweifelt nicht, aber er richtet sich neu aus. Er richtet sich erneut nach Christus aus, der für ihn die Quelle seines Weges ist. Den Weg Christi zu gehen bedeutet, und das erlebt Bonaventura, das eigene Kreuz anzunehmen. Leidenschaftlich und sehnend betrachtet Bonaventura an dem Ort der besonderen Christuserfahrung des Franziskus die Spuren Gottes in der Schöpfung und in der Heiligen Schrift. Er erfährt Trost und Rat, er erfährt Frieden und durchschreitet von neuem die Tür ins Leben, Christus. Bonaventura macht in der Einsamkeit auf La Verna inmitten einer turbulenten Zeit auf seinem Lebensweg erneut die Erfahrung, dass Christus mitgeht, dass er der Freund und zugleich König, dass er der Bruder und zugleich Herr, dass er der Nächste und zugleich Gott ist. Er ist das Wort des Lebens, das er in seinen Betrachtungen auf dem Pilgerweg der Seele zu Gott in allem Geschaffenen zu lesen vermag.

„Das ist es, was ich will", sagte Franziskus, als er die Stelle des Evangeliums hört, in welcher Jesus seine Jünger aussendet. Er sendet sie aus, das Evangelium zu verkünden, Kranke zu heilen und Dämonen auszutreiben. Zu zweit sollen sie gehen, arm und einfach, abhängig von dem, was die Menschen ihnen geben. Und sie sollen den Frieden einem jeden zusagen, dessen Haus sie betreten. „Das ist es, was ich will." Franziskus tut es den Jüngern und Jesus gleich. Wenn er gefragt wird, was denn seine und der Brüder Lebensform sei, dann sagt er oft: das Evangelium leben. Das ist es, was er will, oder wie er es in der Regel formuliert: dem armen und gekreuzigten Herrn Jesus Christus nachfolgen. Und er tut es. Die Wundmale prägen sich ihm ein. Bonaventura betrachtet all das: die Schöpfung, die Schrift, Jesus Christus und Franziskus. Die letzte Stufe, bevor alles dem betrachtenden, sehnenden und betenden Menschen geschenkt wird, ist die Betrachtung der Dreifaltigkeit, und darin der göttlichen Person Jesus.

> „Wenn nun unser Geist Christus, den Sohn Gottes, betrachtet, der in seiner göttlichen Natur das Bild des unsichtbaren Gottes ist, und in ihm unsere menschliche Natur so wunderbar erhöht, so unaussprechlich mit ihm vereint schaut, … dann gelangt er gewissermaßen zu etwas Vollendetem. Mit Gott gelangt er zur Vollendung seiner Lichtgabe auf der sechsten Stufe – gleichsam am sechsten Tag."[32]

Impuls Christus ist der Weg, die Wahrheit und das Leben. Wie sieht meine Christusbeziehung aus? Ist er für mich derjenige, der meinem Leben Frieden verschafft?
Ich setzte mich einige Minuten still vor ein Kreuz und betrachte es. Ich lasse die Gedanken kommen und gehen. Wer ist Christus für mich? Folge ich ihm nach?

34. Tag

Das Ziel des Weges ist Geschenk

Wort der Schrift „Gesegnet der Mann, der auf den Herrn sich verlässt, und dessen Hoffnung der Herr ist. Er ist wie ein Baum, der am Wasser gepflanzt ist und am Bach seine Wurzeln ausstreckt: Er hat nichts zu fürchten, wenn Hitze kommt; seine Blätter bleiben grün; auch in einem trockenen Jahr ist er ohne Sorge, unablässig bringt er seine Früchte." (Jer 17,7-8)

Wort in den Tag

> „Wenn du nun fragst, wie das geschehen soll, dann frage die Gnade, nicht die Lehre, die Sehnsucht, nicht die Erkenntnis, das Seufzen des Gebetes, nicht das beflissene Lesen, den Bräutigam, nicht einen Lehrer, Gott, nicht einen Menschen, die Dunkelheit, nicht die Klarheit, nicht das Licht, sondern das Feuer, das ganz und gar in Brand setzt, und das durch unaussprechliche Salbung und glühende Herzensbewegung in Gott hinüberträgt. Dieses Feuer ist Gott, ... und Christus hat es entzündet in der Glut seines glühenden Leidens."[33]

Die Sehnsucht ist die Voraussetzung für den Pilgerweg der Seele in Gott hinein. Nur wer die Sehnsucht kennt und sie verspürt, vermag den Weg zu Gott zu gehen. Die leidenschaftliche Sehnsucht wird zu einem Feuer, das so stark brennt, dass es den Wanderer zu verbrennen droht. Sie ist die schwelende Glut, die den Wanderer vorantreibt. Sie ist die glühende Herzensbewegung, die zur Teilhabe am göttlichen Feuer führt. Christus entzündet es.

Am Ende kehrt Bonaventura wieder zum Anfang seiner Ausführungen zurück. Er spricht von der Sehnsucht und auch vom Frieden, den er sich sicherlich in seiner Situation für sich selbst gewünscht hat. Die letzte Stufe des Pilgerwegs zu Gott muss sich der Mensch schenken lassen. Dabei helfen ihm nicht Wissen und Verstand, nicht die intellektuelle Anstrengung oder der Wille. Die Gnade hilft und die Sehnsucht. Das Seufzen des Gebetes bereitet Gott den Weg in die Wohnung des Menschen. Das Feuer der Gottesglut durchbricht die Dunkelheit, setzt den Einzelnen in Brand. Das Schweigen in dieser letzten Stufe ist ein Schweigen der Liebe und der Sehnsucht; die Sehnsucht, mit Christus in Gott vereinigt zu sein. Franziskus hat auf dem Berg La Verna die Wundmale Jesu erhalten, Bonaventura beschreibt auf seinem Pilgerweg letztlich die Hoffnung und Sehnsucht, zumindest einen Hauch dieser intensiven Christuserfahrung des Franziskus im Leben zu erhalten. Alles hinter sich lassen, alles als Aufstieg zu Gott zu begreifen und mit Christus Gott zu schauen, das ist das Ziel des Pilgerweges in Gott hinein. Das Sterben und das Kreuz Christi sind die Wegweiser.

Wie schwer ist es, so vieles hinter sich zu lassen. Wie schwer ist es, von den Erwartungen zu lassen, das Ziel des Weges selbst bestimmen und auch selbst erreichen zu können. Wie schwer ist es, sich ganz der Führung eines anderen auf dem eigenen Lebensweg anvertrauen zu können, – doch genau das beschreibt Bonaventura im Itinerarium. Gott führt denjenigen, der ihm bedingungslos vertraut und ersehnt. Es geht also nicht um Selbsterlösung. Es geht nicht um ein beständiges Voranschreiten bis zur letzten Stufe, die der Mensch dann ein für alle Mal nicht mehr verlässt. Bonaventura umschreibt mit seinen zum Teil hoch philosophischen Ausführungen im Itinerarium einen Prozess, den der Mensch immer wieder zu durchschreiten hat. Geistliches Leben und Nachfolge des armen und gekreuzigten Jesus Christus ist ein Leben der beständigen Suche, der leidenschaftlichen Sehnsucht, die sich nie zufrieden gibt.

Nicht Selbsterlösung, nicht Erkenntnis durch Studium und Wissen, sondern Erfahrung oder Erahnung Gottes, Betrachtung seiner Größe in den Geschöpfen, im Menschen und in Christus, darum geht es im geistlichen Leben dessen, der Gott ersehnt. Das bedeutet, von sich selbst zu lassen, von den eigenen Erwartungen, Wünschen und Fähigkeiten sowie ganz Gott zu vertrauen. Der Pilgerweg in Gott hinein ist das Vertrauen auf Gott, der den Einzelnen auf seinem Weg begleitet, ihn schützt, ihn herausfordert, ihn umformt und bei ihm Wohnung nehmen will. Man kann diese Haltung auch als „Loslassen Können" beschreiben. Und mit dem Loslassen, mit dem sich lassen und in Gott fallen lassen Können, ist der Mensch auf der siebten Stufe angelangt. „Hier endet der Pilgerweg zu Gott."[34]

Impuls Ich gehe in eine Kirche oder einen Raum, der still ist. Ich spreche in Gedanken nur ein einziges Wort: JA. Gott soll mich finden, gelassen und frei.
Kann ich von meinen Wünschen und Erwartungen lassen?
Brennt ein Feuer in mir?

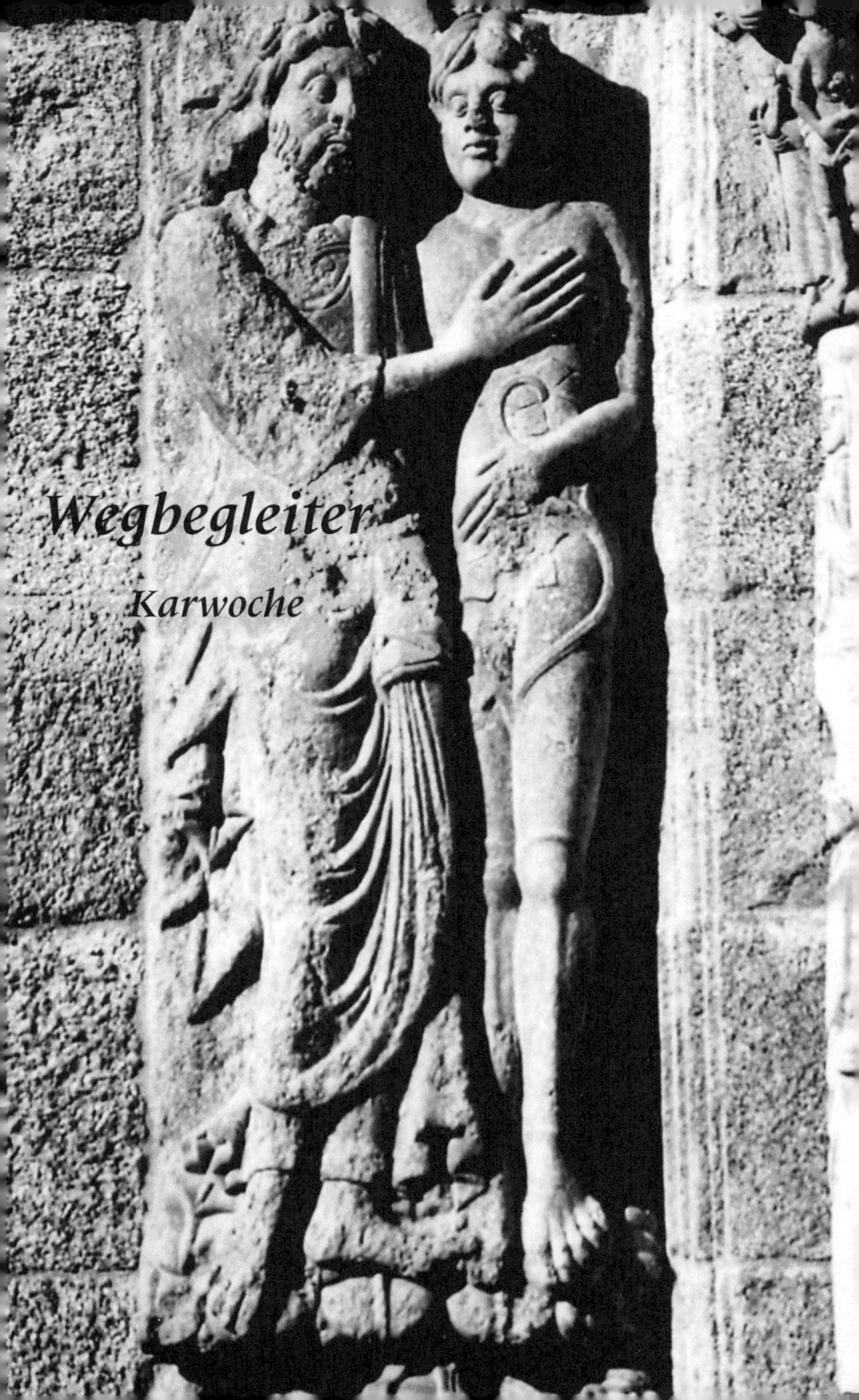

Wegbegleiter

Karwoche

35. Tag

Jesus, dein Freund und Wegbegleiter

Wort der Schrift „Herr, du bist vertraut mit all meinen Wegen, du umschließt mich von allen Seiten und legst deine Hand auf mich.“ (Ps 139,3.5)

Wort in den Tag Ein Bild für den Pilgerweg meines Lebens:

Gott an der Seite des Menschen, der Freund und Wegbegleiter. Emanuel – der mitgehende Gott.

Die linke Hand legt der Herr um die Schultern des Adam. Die rechte Hand Gottes auf seinem Herzen ist sein Schutz und sein Schild. So geborgen sein zwischen den lebensschaffenden Händen Gottes. „Mein Herz hängt an dir, deine rechte Hand hält mich fest." (Ps 63,9)

Im Bild zeigt sich Gott in Jesus Christus. Das Kreuz in der Glorióle deutet dies an. Christus ist unser Weg (Joh 14,6). Er ist auf den staubigen Straßen dieser Welt gegangen. „Nicht Knechte seid ihr, ihr seid meine Freunde", verspricht er und auch dies: „Ich bin bei euch alle Tage bis ans Ende der Welt."(Mt 28,20)
Die Figur steht am Südportal der Kathedrale von Santiago de Compostela. Zahllose Pilger sind seit dem Mittelalter an ihr vorbeigezogen. Vielen hat sich das Bild eingeprägt. Die Romanik, die sonst immer erhaben und unbeholfen ihre Plastiken formt, wird hier mehr menschlich, fast zärtlich. Das 12. Jahrhundert drückt seine Sehnsucht nach dem Freund und Wegbegleiter aus.
Als Gott den Adam erschuf, schaute er ihn an mit dem Blick der Liebe. Der erste Blick der Liebe wird sich tief in seine Sehnsucht einwurzeln. Der Mensch wird ihn in den Augenblicken des Glücks wiedererkennen auf der Pilgerschaft des Lebens. Am Ende ist er wieder Aug in Aug bei Gott. Das ist Heimkehr – ein für alle Mal.
Jetzt wird Adam, Ebenbild Gottes, gesendet. Gleich wird er den ersten Schritt ins Leben tun. Gott behält uns im Blick. Er wird uns nachschauen, bis wir wiederkommen. „Lass dein Angesicht leuchten über all unseren Wegen!"

Impuls Ich fragte eine Gruppe Wohnsitzloser: „Was braucht es, um auf der Straße zu überleben?" Sie waren sich bald einig. „Eine verlässliche Adresse, auf Menschen des Vertrauens kommt es an!" Ich erinnere mich an jenen Obdachlosen, der auf dem Handrücken eine Telefonnummer eintätowiert hatte. Es war die Nummer eines evangelischen Pfarrers. Wenn er wieder einmal auf einer Parkbank lag und zuviel getrunken hatte, hielt er den Vorbeigehenden seine Hand hin. Die wählten die Telefonnummer. Sein Freund nahm ihn jedes Mal auf. Solange er sich auf diese Adresse verlassen konnte, blieb ihm ein Ausweg, um zu überleben. Auf den Freund, auf den Verbündeten kommt an.

Ist Jesus für mich die verlässliche Adresse? Kann ich mit allen Anliegen zu ihm gehen? Spüre ich manchmal, dass er seine rechte Hand auf mein Herz legt?

36. Tag

Auf den rettenden Engel kommt es an

Wort der Schrift „Ein treuer Freund ist wie ein festes Zelt; wer einen solchen findet, hat einen Schatz gefunden. Für einen treuen Freund gibt es keinen Preis, nichts wiegt seinen Wert auf. Das Leben ist geborgen bei einem treuen Freund, ihn findet, wer Gott fürchtet. Wer den Herrn fürchtet, hält rechte Freundschaft, wie er selbst, so ist auch sein Freund." (Sir 6,14-17)

Wort in den Tag Freundschaft ist ein hohes Gut und nie selbstverständlich. Verwandte hat man durch Geburt. Freunde wählt man. Man kann sie für keinen Preis in der Welt erwerben oder einkaufen. Freundschaft ist immer ein kostbares Geschenk. Freundschaft beweist sich in der Not. Schon in der Bibel im Buch Jesus Sirach heißt es: „Mancher ist dein Freund, solange es für ihn nützlich ist; aber sobald du in Schwierigkeiten gerätst, ist er nicht mehr da." (Sir 6,8) Auf einen echten Freund kann man sich gerade in der Not verlassen.
Ein guter Freund ist wie der rettende Engel, den der Prophet Elia erfahren hat.
Elia war ein mutiger Prophet. Doch eines Tages, wie die Bibel berichtet, rennt er um sein Leben. Die Mächtigen des Landes sind hinter ihm her. Er flieht in die Wüste, stürzt zu Boden wie ein gefällter Baum. „Mir reicht's! Ich kann nicht mehr!" Elia wünscht sich den Tod. „Nun ist es genug, Herr! Nimm mein Leben; denn ich bin nicht besser als meine Väter!" (1 Kön 19,3-5) Dann legt er sich unter den Ginsterstrauch und will sterben.
Elia in der Wüste? Keine Spur von Gottvertrauen! Ein Mann in der Sackgasse, ein Häuflein Elend! Eine ausweglose Lage, die schon viele erfahren haben. – Die Geschichte des Elia ist noch nicht zu Ende. Denn Elia ist auch in uns.

Das muss man erlebt haben, wie sehr ein Mensch an den Rand kommen kann: „Ich will niemand mehr sehen! Lasst mich in Ruhe! Was soll ich noch hier?" – Nicht mehr weiterkönnen, das ist der Elia in uns. Und das ist keine Schande!

Ich finde es tröstlich, dass Gott den Elia unter dem Ginsterstrauch nicht vergessen hat. Es ist wie im Märchen. Da kommt der Bote Gottes und weckt den Erschöpften aus dem Schlaf. „Steh auf und iss!“ – Mehr nicht! Kein Schimpfen, keine Vorhaltungen, keine klugen Ermahnungen. Leise tritt der Engel heran, bescheiden sind seine Gaben: ein Stück Brot und ein Schluck Wasser. Elia isst und trinkt und schläft wieder ein.

Noch einmal weckt ihn der Engel: „Steh auf und iss, dein Weg ist noch weit!“ Wer die Verzagtheit eines anderen überwinden will, muss sich wiederholen, wie das die Liebe tut, die nachgeht und nicht müde wird. Der Engel hat diese Geduld. Der Engel ist nicht zu stolz, sich zu wiederholen, damit der Lebensmüde auf die Beine kommt. Noch einmal isst und trinkt Elia, und gestärkt geht er seinen Weg durch die Wüste bis zum Gottesberg Horeb.

Manchmal schickt uns der Himmel einen Engel. Er ist wie ein Verbündeter, auf den man sich verlassen kann. Er versteht es mit ganz einfachen Mitteln wie „Brot und Wasser“ uns wieder auf die Beine zu stellen. Er hat Geduld mit uns und ist nicht beleidigt, wenn er sich wiederholen muss.
Die Geschichte des Elia ist noch nicht zu Ende. Auch heute warten viele, die die Wüste erfahren, auf den rettenden Engel. Brot und Wasser sind wichtig auf dem Weg. Wichtiger ist der rettende Engel.

Impuls „Mancher ist dein Freund, solange es für ihn nützlich ist; aber sobald du in Schwierigkeiten gerätst, ist er nicht mehr da.“ (Sir 6,8) Kennen Sie diese Erfahrung? Haben Sie aber auch erlebt: „Echte Freundschaft erweist sich in der Not.“? Zum Beispiel Ehen, die in der Krise stecken, verändern sich und überwinden manchmal die Krise, wenn ein Partner schwer krank wird.

37. Tag

Wegbegleiter auf dem Kreuzweg: Simon von Zyrene und Veronika

Wort der Schrift „Als sie Jesus hinausführten, ergriffen sie einen Mann aus Zyrene namens Simon, der gerade vom Feld kam. Ihm luden sie das Kreuz auf, damit er es hinter Jesus hertrage." (Lk 23,26)

Wort in den Tag Menschen am Rand des Kreuzweges sind wichtig. Zwischen den vielen, die nur zuschauen, gibt es Menschen, die haben einen Namen und ein Gesicht. Jesus begegnet seiner Mutter, er begegnet den weinenden Frauen. Er nimmt die Hilfe von Veronika und von Simon von Zyrene an.
Soldaten zwingen Simon, Jesus das Kreuz nachzutragen. Er kommt vom Feld, ist müde. Er will ausweichen. Er hat keine Lust, den „barmherzigen Samariter" zu spielen. Aber die Gewalt der Soldaten zwingt ihn dazu. Er beugt sich nieder, greift nach der schweren Last, die Jesus zu Boden drückt. Schritt für Schritt gehen sie zusammen. In ihm wachen Mitleid und Barmherzigkeit. Nicht mehr unter Zwang erbringt er seine Dienstleistung, er trägt gern die Last des anderen.
Unsere Welt braucht Menschen wie Simon von Zyrene. Barmherzige Menschen, die die Not anderer erkennen und entschieden zupacken. „Einer trage des anderen Last!" (Gal 6,2).

Veronika hat keinen Fachdienst anzubieten. Sie steht da mit leeren Händen und einem weinenden Herzen. Die Menge schaut zu, gleichgültig, abgestumpft. Eine Frau tritt heraus – Veronika. Sie kann nicht nur Zuschauer sein. Sie fragt nicht danach, was die anderen denken. Sie reicht dem geschundenen Menschen Jesus ein Tuch, in das er sein schweißbedecktes, blutiges Antlitz drücken kann. Sie gibt ihm ein Stück Menschenwürde zurück.

Der Liebesdienst wird belohnt. Ins Schweißtuch prägt sich das Gesicht des Herrn ein. Veronika bewahrt das kostbare Geschenk. Ihr Name bedeutet: „vera-icon", wahres Bild. Die Ikone

Christi ist jeder notleidende Mensch. „Was ihr für einen meiner geringsten Brüder getan habt, das habt ihr mir getan." (Mt 25,40)

Impuls Unsere Welt braucht Menschen wie Veronika und wie Simon von Zyrene. Not wird erträglich, wenn ein Freund und Verbündeter uns zur Seite steht. Es gibt viele Formen der Hilfe und des Beistandes. Viele hochqualifizierte Berufe tun an ihren Patienten oder Klienten ihren Fachdienst. Andere helfen spontan aus Mitleid. Doch Mitgefühl ist meist kurzlebig und endet zu oft mit einer Spendensammlung. Unser christlicher Glaube verpflichtet uns, dem Armen barmherzig zu begegnen. Barmherzigkeit (misere-cordia) bedeutet: Sein Herz beim Armen haben.
Helfe ich nur durch Spenden und Almosen, oder kenne ich persönlich das Gesicht eines Armen?

38. Tag

Der eigenen Berufung auf der Spur

Wort der Schrift „Dann verließ Jesus die Stadt und ging, wie er es gewohnt war, zum Ölberg; seine Jünger folgten ihm. Als er dort war, sagte er zu ihnen: Betet darum, dass ihr nicht in Versuchung geratet! Dann entfernte er sich von ihnen ungefähr einen Steinwurf weit, kniete nieder und betete: Vater, wenn du willst, nimm diesen Kelch von mir! Aber nicht mein, sondern dein Wille soll geschehen. Da erschien ihm ein Engel vom Himmel und gab ihm (neue) Kraft. Und er betete in seiner Angst noch inständiger, und sein Schweiß war wie Blut, das auf die Erde tropfte. Nach dem Gebet stand er auf, ging zu den Jüngern zurück und fand sie schlafend; denn sie waren vor Kummer erschöpft. Da sagte er zu ihnen: Wie könnt ihr schlafen? Steht auf und betet, damit ihr nicht in Versuchung geratet.“ (Lk 22,39-46)

Wort in den Tag Nach dem Abendmahl begann Jesus seinen Passionsweg am Ölberg. Am Ölberg versammelte sich Jesus immer wieder mit seinen Jüngern. Hierhin zog er sich zurück zum Gebet. Hier hat der Verräter ihn geküsst. Am Fuße des Ölbergs befindet sich der Ölbaumhain Getsemani, der Name einer alten Ölpresse. Die lauten Klagen Jesu erfüllten hier den Garten. Im Schweiße seines Angesichtes betete Jesus: „Vater, wenn du willst, nimm diesen Kelch von mir!“

In diesem Garten kniete Jesus allein nieder und betete in großer innerer Not, während seine Jünger schliefen. Umgeben von Ölbäumen, deren Wurzelstöcke noch heute Früchte tragen, fiel er zu Boden, und wie Blutstropfen stand sein Schweiß auf seiner Stirn. Ein Engel erschien vom Himmel und stärkte ihn. Der Engel hält Jesus auf der Spur seiner Berufung. Er tröstet ihn nicht nur, er deutet die größeren Zusammenhänge. Jesus ist der Erlöser der Welt. Er soll den Kelch des Leidens bis zur Neige trinken. „Dies ist der Kelch des neuen und ewigen Bundes“, heißt es in den Wandlungsworten der Messe.

Die Grenzsituation der Versuchung erfährt Jesus zweimal. In der Wüste und im Garten Getsemani stehen Engel ihm zur Seite. Bevor Jesus öffentlich auftrat, musste er in der Wüste die dreifache Probe bestehen. „Dort blieb er vierzig Tage lang und wurde vom Satan in Versuchung geführt. Er lebte bei den wilden Tieren, und die Engel dienten ihm." (Mk 1,13; vgl. Mt 4,11)
In der Nacht vor seinem Kreuzestod betete Jesus am Ölberg. In dieser schweren Stunde kam ein Engel und gab ihm neue Kraft. „Da erschien ihm ein Engel vom Himmel und stärkte ihn." (Lk 22,43)
Unter den Bäumen mit ihren gedrehten, zerklüfteten Stämmen, die wie Mahnmale des Schmerzes anmuten, und in der Nähe der Kelter, unter deren Schraubdruck die Ölbaumfrüchte zermalmt werden, kämpfte Jesus gegen den Ansturm übermächtiger Verzweiflung. Ein Engel erschien vom Himmel und stärkte ihn. Unter den Zweigen des Ölbaums, dem Zeichen des Friedens, gewann er sein Gleichgewicht wieder: „Nicht mein, sondern dein Wille soll geschehen!"

Impuls Wer seiner eigenen Berufung auf der Spur bleiben will, braucht den Engel, der ihm in dunklen Stunden zur Seite steht, der aufrichtet und ermutigt. Man kann nämlich sehr schnell lahm und müde werden. Ob nicht manchmal Not und Leid unsere wirkliche Lebensaufgabe klären und von Nebensächlichkeiten reinigen?
Wo wir aber dem Engel begegnen, geht es nicht nur um unsere private Glückseligkeit, sondern um einen Auftrag, der unser Leben in einen größeren Zusammenhang stellt. Wir werden nicht aus Gefahren errettet oder vor ihnen bewahrt, damit es uns wieder gut geht, sondern damit wir einen Auftrag übernehmen. Denken wir heute darüber nach, wem unsere Lebenskraft dienen soll.

39. Tag

Treu bis in den Tod

Wort der Schrift „Bei dem Kreuz Jesu standen seine Mutter und die Schwester seiner Mutter, Maria, die Frau des Klopas, und Maria von Magdala. Als Jesus seine Mutter sah und bei ihr den Jünger, den er liebte, sagte er zu seiner Mutter: Frau, siehe, dein Sohn! Dann sagte er zu dem Jünger: Siehe, deine Mutter! Und von jener Stunde an nahm sie der Jünger zu sich." (Joh 19,25-27)

Wort in den Tag Welch ein Trost, als Jesus am Kreuz aufblickte, sieht er seine Mutter. Die Nähe eines lieben Menschen drängt alle Grausamkeit zurück. Und Johannes? Jesus sagt zu ihm: „Siehe, deine Mutter!" Jesus denkt selbst in der Stunde seines Todes noch an andere. Er gibt den liebsten Freund der eigenen Mutter zum Sohn. Er weiß seine Mutter geborgen im Hause seines Freundes. So wird Treue belohnt, Treue bis in den Tod. Im Lärm der Spötter können sie sich nicht mehr sprechen, und doch verstehen sie jedes Wort. Die Augen verklebt von Schweiß und Blut kann Jesus sie nicht mehr sehen, und doch durchdringt der Blick der Liebe ihr Herz. Die Höhe des Kreuzes hält sie auf Abstand, und doch können sie sich in Liebe umarmen. Er wird jetzt gehen, und doch wird ein Teil seines Herzens hier blieben. „Es gibt keine größere Liebe, als wenn einer sein Leben für seine Freunde hingibt." (Joh 15,13)

Und dann sind da noch die anderen. Sie sind nicht weggelaufen wie die Apostel und Jünger. Sie sind geblieben. Von seiner Seite haben sie sich nicht verdrängen lassen. Sie haben allen Mut zusammengenommen. Sie stehen zu ihm. Wer wünscht sich nicht solche Freunde?

Wegbegleiter im Tod? Wie viele sterben einsam, ganz allein? Ich möchte mich festhalten können an der Hand eines lieben Menschen. Ich möchte, dass einer es schweigend bei mir aushält. Und wenn ich diesen Freund nicht finde? Ich möchte zu Lebzeiten vertraut werden mit meinem Freund Jesus. Ich möchte

ihn bitten, dass er mich nicht verlässt. Ich vertraue auf das Wort aus Psalm 23: „Und muss ich wandern durch das dunkle Tal, ich fürchte kein Unheil: denn DU bist bei mir." Ich bete darum, dass er mir den Engel schickt, der mich führt ins Paradies.
Denn Gott ist in uns verliebt. Medard Kehl formuliert: „Wir sind nur deswegen unsterblich, weil Gott unsterblich in uns verliebt ist!" Unsere Seele ist das Ansprech- und Antwortorgan für Gottes Liebe. Diese Fähigkeit hat er uns geschenkt: Ihn „mit ganzem Herzen und mit ganzer Seele und mit all unseren Kräften zu lieben".[35]
Als er uns ins Dasein rief, hat die Liebe Gottes uns entzündet. Dieses Feuer brennt in uns. Die Sehnsucht nach der Vollendung der Liebe ist die Triebfeder unseres Suchens. Die Liebe zieht uns an wie ein Magnet. Wir durchbrechen alle Horizonte. Denn der Horizont ist nur die Grenze des Sichtbaren. Die Weite des Himmel tut sich auf, und der Glanz der vollkommenen Liebe umfängt uns.

Impuls Einen verlässlichen Freund, der in der Not nicht wegläuft, sondern bei uns bleibt, wünschen wir uns. Das ist Trost. Echter Trost und Verströstung sind zweierlei. Jemandem sagen: „Die Zeit heilt alles", das ist vertrösten. Über den Kopf eines weinenden Kindes streicheln, das ist trösten. Vom schönen Jenseits reden, das ist vertrösten. Still am Krankenbett sitzen und die Hand des sterbenden Freundes halten, das ist trösten. Vertröstungen sind billige Ausreden. Oft verdecken sie nur unsere eigene Hilflosigkeit. Echter Trost ist wie eine Brücke, die über alle Abgründe führt.
Verstehe ich zu trösten? Wann ist mir das gelungen?

40. Tag
Schweigen und bleiben

Wort der Schrift „Er tröstet uns in all unserer Not, damit auch wir die Kraft haben, alle zu trösten, die in Not sind, durch den Trost, mit dem auch wir von Gott getröstet werden.“ (2 Kor 1,4)

Wort in den Tag Es ist jetzt wichtiger, die Stille der Nacht auszuhalten, als am Tag die Trauer mit Worten in die Flucht zu schlagen. Karsamstag: schweigen und bleiben. Freunde sind Inseln, um nicht im Meer der Tränen zu ertrinken. Wie leicht ist es, Freunde zu finden, die mit uns lachen, wie schwer aber, Freunde zu gewinnen, die mit uns schweigen und weinen.

Friedhofsengel sind solche Freunde. Sie schweigen und teilen die Trauer. Zu alten Friedhöfen gehören sie. In Stein geschlagen, in Bronze gegossen, geben sie am Grab der Trauer ein Gesicht. Sie stören die Grabesstille nicht. Sie bleiben wie gute Freunde. Wer sie besucht, weiß, dass er in seiner Trauer nicht allein ist. Die Gestalten mit Flügeln berühren etwas, was nicht vergeht. Ein Grab ist ein Grab. Dennoch erinnern die Flügel daran, dass die Seele sich leicht erhebt. In weite Gewänder gehüllt, deuten sie Geborgenheit an, obwohl der Tod jeden hinausstößt in die Einsamkeit. Die Friedhofsengel verkünden etwas, was nicht mehr stirbt.

Warum sind diese Engel an unseren Grabdenkmälern so beliebt? Man führt heute Touristen über die alten Friedhöfe. Man kann mit ihren Fotos der Friedhofsengel Bücher und Bibliotheken füllen. Realistisch für den Tod ist doch der Totenkopf. Ihn findet man selten. Der Engel der Trauer nimmt dem Tod seine Schrecklichkeit.

Wenn
ihr zum Himmel geht,
ihr Engel,
nehmt meine Hoffnung
mit dorthin.
Tragt in den alten Garten
den Traum,
dass ich zu Hause bin.

Wolfgang Poeplau[37]

„Zum Paradiese mögen dich Engel geleiten," so heißt es bei der Beerdigungsliturgie. Nach den Vorstellungen Israels und der Kirche ist es der Engel Michael, der uns das Geleit im Tode gibt. Er ist der Fährmann, der uns hinüberführt. Der Erzengel Michael wird in der Kunstgeschichte auch mit der „Seelenwaage" dargestellt. Im Gericht werden die Seelen der Toten in der Waagschale gewogen. Michael streitet mit dem Teufel um jede einzelne Seele. Schon im frühen Judentum kannte man die Vorstellung, die die Christen übernahmen, dass Michael der Begleiter der Verstorbenen sei. Er führte sie ins himmlische Reich und wehrte alle Angriffe der Dämonen ab. Heute haben einige in der Hospizbewegung den Erzengel Michael als Begleiter in den Sterbephasen des Lebens wiederentdeckt.

Impuls „Ein Hirt saß bei seiner Herde am Ufer eines großen Flusses, der am Rand der Welt fließt. Wenn er Zeit hatte, schaute er über den Fluss und spielte auf seiner Flöte. Eines Abends kam der Tod über den Fluss herüber und sagte: Ich komme und möchte dich mitnehmen auf die andere Seite. Hast du Angst? Warum Angst? fragte der Hirt. Ich habe immer hinübergeschaut, seit ich hier bin. Ich weiß, wie es dort ist. Da legte ihm der Tod die Hand auf die Schulter, und der Hirt stand auf. Dann nahm der Tod ihn an der Hand und fuhr mit ihm über den Fluss, als wäre es nichts. Das Land am anderen Ufer war ihm nicht fremd, und die Töne seiner Flöte, die der Wind hinübergetragen hatte, waren noch da."[38]

Ostern –
Der Auferstandene offenbart sich als Wegbegleiter

Die schönste Weggeschichte

am Ende unserer 40tägigen Wanderschaft:

Die Begegnung mit dem Auferstandenen auf dem Weg nach Emmaus

Am gleichen Tag waren zwei von den Jüngern auf dem Weg in ein Dorf namens Emmaus, das sechzig Stadien von Jerusalem entfernt ist. Sie sprachen miteinander über all das, was sich ereignet hatte. Während sie redeten und ihre Gedanken austauschten, kam Jesus hinzu und ging mit ihnen. Doch sie waren wie mit Blindheit geschlagen, so dass sie ihn nicht erkannten. Er fragte sie: Was sind das für Dinge, über die ihr auf eurem Weg miteinander redet? Da blieben sie traurig stehen, und der eine von ihnen – er hieß Kleopas – antwortete ihm: Bist du so fremd in Jerusalem, dass du als einziger nicht weißt, was in diesen Tagen dort geschehen ist? Er fragte sie: Was denn? Sie antworteten ihm: Das mit Jesus aus Nazaret. Er war ein Prophet, mächtig in Wort und Tat vor Gott und dem ganzen Volk. Doch unsere Hohenpriester und Führer haben ihn zum Tod verurteilen und ans Kreuz schlagen lassen. Wir aber hatten gehofft, dass er der sei, der Israel erlösen werde. Und dazu ist heute schon der dritte Tag, seitdem das alles geschehen ist. Aber nicht nur das: Auch einige Frauen aus unserem Kreis haben uns in große Aufregung versetzt. Sie waren in der Frühe beim Grab, fanden aber seinen Leichnam nicht. Als sie zurückkamen, erzählten sie, es seien ihnen Engel erschienen und hätten gesagt, er lebe. Einige von uns gingen dann zum Grab und fanden alles so, wie die Frauen gesagt hatten; ihn selbst aber sahen sie nicht.
Da sagte er zu ihnen: Begreift ihr denn nicht? Wie schwer fällt es euch, alles zu glauben, was die Propheten gesagt haben. Musste nicht der Messias all das erleiden, um so in seine Herrlichkeit zu gelangen? Und er legte ihnen dar, ausgehend von Mose und allen Propheten, was in der gesamten Schrift über ihn geschrieben steht.

So erreichten sie das Dorf, zu dem sie unterwegs waren. Jesus tat, als wolle er weitergehen, aber sie drängten ihn und sagten:

Bleib doch bei uns; denn es wird bald Abend, der Tag hat sich schon geneigt. Da ging er mit hinein, um bei ihnen zu bleiben. Und als er mit ihnen bei Tisch war, nahm er das Brot, sprach den Lobpreis, brach das Brot und gab es ihnen. Da gingen ihnen die Augen auf, und sie erkannten ihn; dann sahen sie ihn nicht mehr. Und sie sagten zueinander: Brannte uns nicht das Herz in der Brust, als er unterwegs mit uns redete und uns den Sinn der Schrift erschloss? Noch in derselben Stunde brachen sie auf und kehrten nach Jerusalem zurück, und sie fanden die Elf und die anderen Jünger versammelt. Diese sagten: Der Herr ist wirklich auferstanden und ist dem Simon erschienen. Da erzählten auch sie, was sie unterwegs erlebt und wie sie ihn erkannt hatten, als er das Brot brach.
(Lk 24,5-22)

Impulse für den Osterspaziergang:

- „Wir aber hatten gehofft"... Tief enttäuscht kehren die zwei Jünger Jerusalem den Rücken. Ihr Glaube ist erschüttert, ihre Hoffnungen zerstört.
- „Ihre Augen waren gehalten." In Krisenzeiten wird man blind.
- Wie lernt man neu zu glauben? Eine Wegstrecke schweigend mitgehen. Einander begleiten ist der erste Schritt auf dem Weg zu neuem Vertrauen.
- Sie kannten ihn und mussten ihn neu kennen lernen. Auch auf unserem Glaubensweg gibt es lange Lernprozesse durch Krisen hindurch.
- Jesus zeigt, was eine behutsame, geistliche Begleitung bedeutet. Er hat Geduld mit ihnen. Er wiederholt sich und erklärt alles noch einmal.
- „Begreift ihr immer noch nicht?" sagt Jesus. Das Wissen um die alten Schriften allein öffnet noch nicht ihre Augen.
- Manchmal ist die Gastfreundschaft und eine Einladung wichtig: „Bleib doch bei uns; denn es wird bald Abend, der Tag hat sich geneigt!"
- Dann erkannten sie ihn am Brotbrechen. Das war typisch für ihn: „... wie er ihnen das Brot brach." Ganz

einfache Erkennungszeichen führen aus der Dunkelheit ins Licht.

- „Da gingen ihnen die Augen auf." Das Sakrament des Brotbrechens ist der entscheidende Ort, wo er unser Herz berührt und uns die Augen öffnet.
- Jetzt erinnern sie sich: „Brannte nicht unser Herz, als er uns die Schrift erschloss?" Nicht Erkenntnis, sondern Feuer, nicht Wissenschaft und Lehre, sondern Berührung sind die Wurzeln des Glaubens.
- „Noch in derselben Stunde brachen sie auf". Wenn wir „Feuer fangen", können wir es nicht für uns reservieren und bewahren, dann müssen wir erzählen „wovon das Herz überfließt".
- „Nur Brennende können leuchten!" Sie liefen zu den anderen Jüngern nach Jerusalem zurück und verkündeten: „Jesus lebt!"

Bildnachweis

S. 9 Relief-Foto Basilika in Kevelaer, Schwester Marlies, Kevelaer.
S. 19 Holzbrücke, Pater Norbert Poeschel OFM, Münster.
S. 33 Labyrinth, KNA-Bonn.
S. 50 Berg der Kreuze. Litauen, Pater Erich Purk OFM.
S. 69 Wüstenweg, D. Hilge, Münster.
S. 83 Kathedrale Burgos, Pater Erich Purk OFM, Münster.
S. 103f Santiago, Pater Erich Purk OFM, Münster.

Quellenverzeichnis

1 Marianne Grönemeyer, Das Leben als letzte Gelegenheit. Sicherheitsbedürfnisse und Zeitknappheit, Primus 1996².
2 Paul M. Zulehner, Ortswechsel. Auf neue Art Kirche sein, Verlag Katholisches Bibelwerk, Stuttgart 2003.
3 Reinhold Schneider, Gesammelte Werke in zehn Bänden. Im Auftrag der Reinhold-Schneider-Gesellschaft hrsg. von Edwin Maria Landau. Frankfurt/M. 1977-1981.
4 Guy de Larigaudie, Stern auf hoher See, Augsburg 1956, 64
5 Eva Zeller, Auf dem Wasser gehen, Ausgewählte Gedichte, Dt. Verl.-Anst., Suttgart 1979.
6 nach: Uwe Wolff, Reise ins Labyrinth. Unterwegs zur eigenen Mitte, Freiburg i. Brsg., Herder 2001, 40.
7 Eine Vielzahl von Labyrinth-Formen zum Kopieren und graphischen Gestalten findet sich in dem Buch: Marion und Werner Küstenmacher, Neue Wege finden. Labyrinthe, München ²2000.
8 Den Ursprung des Labyrinths in der Minotaurus-Sage zu sehen, ist jedoch mehr als fraglich. Vergleiche dazu: Ilse M. Seifried (Hrsg.), Das Labyrinth oder die Kunst zu wandeln, Innsbruck, Haymon-Verlag 2002, 50ff.
9 nach Erich Fromm, Die Kunst des Liebens, Berlin 1993.
10 Uwe Wolff, Reise ins Labyrinth. Unterwegs zur eigenen Mitte, Freiburg i. Brsg., Herder 2001, 18.
11 Ilse M. Seifried (Hrsg.), Das Labyrinth oder die Kunst zu wandeln, Innsbruck, Haymon-Verlag 2002, 178.
12 Gotthard Fuchs/Jürgen Werbick, Scheitern und Glauben. Vom christlichen Umgang mit Niederlagen, Freiburg/Basel/Wien 1991, 25f.
13 Dorothee Sölle, Es muss doch mehr als alles geben. Nachdenken über Gott, Hamburg 1992, 59.
14 Vgl. Gernot Candolini, Im Labyrinth sich selbst entdecken, Freiburg 2001, 102-104.
15 Gernot Candolini, Im Labyrinth sich selbst entdecken, Freiburg i. Brsg. 2001, 134f.

16 Bernhard Fraling, Geistliche Erfahrungen machen. Spiritualität im Seelsorge-Verbund, Würzburg 1992. (Reihe Perspektiven für die Seelsorge, 7), 20.
17 Gernot Candolini, Im Labyrinth sich selbst entdecken, Freiburg i. Brsg. 2001, 93.
18 Gernot Candolini, Im Labyrinth sich selbst entdecken, Freiburg i. Brsg. 2001, 121.
19 Ilse M. Seifried (Hrsg.), Das Labyrinth oder die Kunst zu wandeln, Innsbruck, Haymon-Verlag 2002, 10.
20 Vgl. Thomas Dienberg, Die Mitte finden. Wegbegleiter im Labyrinth des Lebens, Stuttgart 2002, 78.
21 Vgl. Ludger Schulte, Zugang zur Mitte. Der Wandlungsweg der Eucharistie, in: Geist und Leben 3/2005, 222ff.
22 nach Uwe Wolff, Reise ins Labyrinth. Unterwegs zur eigenen Mitte, Freiburg i. Brsg. 2001, 133ff.
23 Hilde Domin, Hier. Gedichte, Fischer S. Verlag, Frankfurt a.M. 1986.
24 Itinerarium mentis in Deum. Der Pilgerweg des Menschen zu Gott, übersetzt und erläutert von Marianne Schlosser, hrsg. v. Institut für Spiritualität, Münster 2004, 5. (Theologie der Spiritualität, Quellentexte – Band 3.)
25 Itinerarium, 7.
26 Itinerarium, 7.
27 Itinerarium, 13.
28 Itinerarium, 15.
29 Itinerarium, 49.
30 Itinerarium, 29.
31 Itinerarium, 77.
32 Itinerarium, 103.
33 Itinerarium, 111.
34 Itinerarium, 111.
35 Medard Kehl, Und was kommt nach dem Ende? Von Weltuntergang und Vollendung, Wiedergeburt und Auferstehung, Herder Freiburg - Basel Wien 2000.
36 Wolfgang Poeplau, www.internetseelsorge.de, Segenswunsch vom 6.7.2004.
37 Jörg und Heidi Zink, Wie Sonne und Mond einander rufen, Kreuz Verlag, Stuttgart 2000.